KB219509

철
야

기도로 밤을 뚫다

철야

지은이 · 이규현
초판 발행 · 2022. 3. 23
3쇄 발행 · 2022. 10. 18
등록번호 · 제1988-000080호
등록된 곳 · 서울특별시 용산구 서빙고로65길 38
발행처 · 사단법인 두란노서원
영업부 · 2078-3352 FAX 080-749-3705
출판부 · 2078-3331

책 값은 뒤표지에 있습니다.
ISBN 978-89-531-4178-0 03230

편집부에서 독자의 의견을 기다립니다.
tpress@duranno.com   http://www.Duranno.com

두란노서원은 바울 사도가 3차 전도여행 때 에베소에서 성령 받은 제자들을 따로 세워 하나님의 말씀
으로 양육하던 장소입니다. 사도행전 19장 8-20절의 정신에 따라 첫째 목회자를 돕는 사역과 평신도
를 훈련시키는 사역, 둘째 세계선교(TIM)와 문서선교(단행본·잡지) 사역, 셋째 예수문화 및 경배와
찬양 사역, 그리고 가정·상담 사역 등을 감당하고 있습니다. 1980년 12월 22일에 창립된 두란노서
원은 주님 오실 때까지 이 사역들을 계속할 것입니다.

기도로 밤을 뚫다

철야

이규현

지음

두란노

차례

───────── Part 2 ─────────

금철,
모이는 것이 즐겁다

금철,
미룰 이유가 없다

Part 4

금철,
추억을 넘어 지금이다

간증문

금철,

한국 교회는 벼랑 끝이고
벼랑 끝은 기회다

어느 날 새벽기도회에서 기도하는데, 불쑥 떠오르는 생각 하나가 있었다. 우리 교회에서 매우 뜨겁게 열리고 있는 금요철야기도회를 한국 교회와 공유하고 싶다는 생각이었다. 하나님은 당장 이 내용을 담아서 책을 쓰라는 마음을 주셨다.

그러나 막상 글을 쓰려고 하니 철야기도회를 주제로 한 권의 책이 될 만한 내용이 있을까 하는 생각이 들었다. 한동안 머뭇거렸다. 그러나 글을 쓰기로 작정하자 나눌 내용이 꽤 있었다. 그리고 글을 쓰면서 마음이 달아올랐다. 빨리 이 내용을 나누고 싶어졌다. 그리고 이 책을 통해서 다시 한국 교회 안에 기도의 불이 붙는 날을 꿈꾸게 되었다.

이 책은 억지로 짜낸 내용이 아니다. 그냥 한 목회자의 마음속에 있던 것들을 편안하게 풀어낸 글이다. 언어에 미사여구를 붙이지도 않았다. 마음에 가득 찬 것을 솔직하게 털어놓는 방식으로 썼다. 단지 독자들과 마음과 마음이 통하기를 바랐다. 이 책이 머리를 아프게 하기보다 가슴을 뜨겁게 하기를 간절히 원한다.

지금 한국 교회에 절실한 것은 무엇일까? 코로나 팬데믹은 한국 교회에 큰 과제를 안겨 주었다. 이 시기가 위기가 아니라 새로운 변곡점이 되려면 한국 교회에 제대로 된 변화가 필요하다. 절체절명의 순간이다. 어떻게 보면 한국 교회는 지금 벼랑 끝이다. 우리는 이제 물러설 곳이 없다. 회복은 가능한가? 위기를 반전시킬 수 있는가? 진지한 질문을 던져야 할 때다.

침체의 기로에 있었던 한국 교회는 코로나19로 위기 중 위기에 빠졌다. 직격탄을 받은 꼴이다. 무기력증은 곳곳에 만연해 있다. 패배주의는 목까지 차 있다. 패색이 짙어졌다. 사역자들을 만나 보아도 희망의 언어는 희소해졌다. 이미 세속주의로 인한 폐해가 우리의 신앙의 지형도를 바꾸어 놓았다. 전투력을 잃어버렸고 편의주의에 젖어 신앙은 안일해졌다. 그야말로 총체적 난국이고, 중중 중에 중중이다.

한국 교회에 대한 이러한 분석은 이미 차고 넘친다. 분석가들의 날 선 비평들에 귀를 기울여야 한다. 그러나 분석이나 애매한 전망으로는 부족하다. 복잡한 이론들로 분석하는 일도 이제는 지겹다. 한국 교회는 회복이 필요하다. 반드시 회복해야 한다. 지금은 약해져 있다. 모든 영역에서 부실이 드러나고 있다. 이대로는 안 된다는 절박감이 있다. 지금은 강력한 영적 화력이 필요하다. 벼랑 끝은 기회가 될 수 있다. 독수리가 날아오르는 곳은 벼랑 끝이다. 미미한 움직임으로는 회생이 쉽지 않다. 과제는 '어떻게?'에 달렸다.

나는 아직 한국 교회에 희망이 있다고 믿는다. 한국 교회는 다시 일어날 수 있다. 아직은 기회가 남아 있다. 살길이 있다. 하나님이 기회를 주시고 있다. 하나님이 하시면 된다. 답은 생명을 건 기도다. 어떤 말이 더 필요할까? 지금 한국 교회가 살기 위해서는 선택지가 많지 않다. 답답한 상황을 관통하고 지나갈 비밀병기가 하나 있다. 철야기도회다. 물론 이것만이 유일한 답이라는 말은 아니다. 그러나 그 무엇보다 강력한 돌파구가 될 것이라 믿는다. 지금은 밤을 새워 기도하던 한국 교회의 야성 복원이 절실하다. 한국 교회가 잃어버린 것 중 하나는 야성이다. 세련된 방법론으로는 지금의 위기에서 반전을 기대하기 어렵다. 그럴듯한 진단과 이론만으로는 어림도 없다.

진정한 부흥을 사모하게 된다. 부흥은 교회가 새로워지는 것이다. 부흥은 전적으로 성령이 하시는 일이다. 우리가 할 일은 절박함을 가진 기도다. 우리의 기대와 소망은 하나님께 있다. 우리가 기도를 포기하지 않아야 할 이유가 여기에 있다. 하나님은 한국 교회를 마지막 때 사용하고 싶어 하신다.

이 책은 이론서가 아니다. 목회 현장의 실제다. 이 내용 안에는 리듬이 있다. 영적인 흐름이 있다. 설명하기에는 어려운 부분들도 많이 있다는 것을 느낀다. 그러나 철야기도회의 비밀을 기꺼이 모두 드러냈다. 한국 교회가 사는 길을 위해서라면 무엇이든 하고 싶다.

Part 1에는 '지금 이 시대 왜 철야기도회인가?'에 대한 동기 부여가 될 만한 내용을, Part 2에는 '철야기도회를 통한 은혜와 축복은 무엇인가?'에 대해서 다뤘다. Part 3과 4에는 어느 교회에서든지 활용할 수 있도록 '철야기도회에 숨겨진 비밀들'을 공유하고자 했다. 아무쪼록 이 책이 한국 교회를 일으키는 일에 마중물 역할로 조금이라도 쓰임을 받는다면 더는 바랄 것이 없겠다.

한국 교회는 소망과 저력이 있다. 무엇인가 추진력이 주어지면 얼마든지 영적 활기가 일어날 수 있다. 한국 교회가 일어나야 한다. 중국 선교에 기여할 뿐 아니라 세계 선교에 중요한 역할을 감당해야 할 사명이 남아 있다. 복음의 문은 기도를 통해서 열린다. 복음의 문이 열려야 교회는 살아난다.

모든 것은 기도로 가능하다. 우리가 기도하면 된다. 기도
하면 다시 일어날 수 있다. 하나님은 얼마든지 한국 교회를
다시 일으켜 쓰실 수 있다고 믿는다.

이 책이 나오기까지 애써 주신 분들이 많다. 먼저 수영로
교회 정필도 원로목사님께 감사를 드린다. 교회 초창기부터
금요철야기도회를 비가 오나 눈이 오나 멈추지 않고 붙들고
오셨기 때문에 오늘의 금요철야기도회가 있을 수 있었다. 그
리고 금요철야기도회의 자리를 지켜 오신 성도들, 입시에 쫓
기면서도 기도의 줄을 놓지 않은 다음 세대들, 청년들, 그리
고 유모차를 끌고 기도의 자리에 찾아온 엄마들이야말로 이
책이 가능하게 한 힘이다. 편집과 출판의 과정에 수고해 주
신 두란노와 김재덕 목사, 홍보팀에게 감사를 드린다. 출판
이 있을 때마다 조언해 준 아내에게도 감사한 마음을 전하며
모든 영광을 하나님께 돌린다.

해운대에서

이규현 목사

Part 1 —————————

금철,
뜨거운
밤이 온다

1
그 많던
금요철야기도회는
누가 훔쳐갔을까?

       금요철야기도회가 한국 교회에서 사라졌다. 그 요인은 여러 가지다.

그중에서도 가장 큰 원인은 팽배해진 물질주의다. 물질적으로 풍요로워지자 사람들은 즐기기 바빠졌다. 주말에는 쉬어야 하고 놀아야 한다는 인식이 강해졌다. 과거에는 돈을 버느라 정신이 없더니 이제 번 돈을 쓰느라 정신이 없다. 무엇보다 하나님을 절실히 찾아야 할 이유가 없어졌다. 하나님의 자리에 돈이 앉아 있다. 기도하기보다 돈으로 해결하는 일이 더 빠르고 편리해졌다. 점점 사람들은 돈의 힘을 믿고 살아간다.

쉼도 필요하고 여유도 가져야 한다. 그러나 영적 느슨함은 우리도 모르는 사이 삶을 지배한다. 그것이 기도의 모습에서 드러나고 있다. 교회마다 금요철야기도회가 천대받기 시작한 것이다. 인간은 배가 부르면 기도를 안 한다. 편안한 삶이 지속되면 기도보다 하품이 나온다. 인간은 참 교만하다. 금방 마음이 바뀐다. 변질은 너무 쉽게 찾아온다.

수년 전만 해도 금요철야기도회를 하지 않는 교회를 찾기 힘들 정도였는데 어느 순간 금요철야기도회 하는 교회를 찾아보기가 더 힘들어졌다. 처음부터 금요철야기도회를 없애자고는 아무도 말하지 못했을 것이다. 약식으로 하는 것 같더니 슬그머니 사라졌다. 편의주의가 밀고 들어왔다. 시간을 심야로 바꾸더니 나중에는 저녁 기도회가 되었다. 없애자니 부담이 되고 하자니 피곤했던 것이다. 밤까지 새울 필요가 있는가 한다. 초저녁에 모여서 화끈하게 기도하고 집에서 가서 쉬자고 한다. 토요일에도 할 일이 많아졌다고 한다. 조금씩 현실과 타협하기 시작했다.

처음에는 누구나 철저했다. 금요철야기도회를 할 때는 토요일 일정이 있으면 조정했다. 금요철야기도회가 우선이고 기준이었다. 그러나 변화는 서서히 일어났다. 언제부터인가 토요일 일정을 먼저 잡기 시작했다. 토요일이 기준이 되었고, 금요철야기도회가 우선순위에서 밀려나기 시작했다. 합리적인 이유들을 대면서 조정했다. 지극히 당연해 보였던 미세한 변화는 한국 교회에 큰 영향을 끼쳤다. 마치 주전자 안에 든 개구리와 같다. 주전자에 열을 조금씩만 가열하면 개구리는 온도 상승을 크게 느끼지 않고 적응해 간다. 그러다가 서서히 익어 간다. 결국 자신이 죽는 줄도 모르고 죽는다.

은혜 받는 일이 우선순위에서 밀리기 시작했다는 것은 보통 문제가 아니다. 물론 금요철야기도회가 은혜를 받는 절대적인 환경이라고 할 수는 없다. 교회마다 특수성이 있고 담임목사의 목회 철학이 다를 수 있다. 모두가 다 같아야 하는 것도 아니다. 그러나 한국 교회의 기도 열정을 알리는 핵심적 위치에 금요철야기도회가 있었다. 밤을 새워 기도하는 기도의 영성이 한국 교회를 이끌어 왔다. 한국 교회 성도들의 기도의 열정이 금요철야기도회에 묻어 있다.

이외에도 과거 한국 교회에는 기도회가 주류를 이루었다. 새벽기도회, 수요기도회 같은 기도회가 교회의 우선적인 모임이고 프로그램이었다. 그런데 어느 순간부터 기도회가 다른 프로그램에 밀려나기 시작했다. 사람들의 관심이 다른 데로 옮겨 갔다. 기도회보다 성경공부와 제자훈련에 더 관심을 쏟았다. 우리도 모르는 사이에 기도의 에너지가 빠져나갔다. 기도회는 점점 약식으로만 진행되고 명목만 유지하게 되었다.

간단하게 하자고 하는 것을 경계해야 한다. 하나님의 은혜를 구하는 자리에까지 편의주의가 들어오면 안 된다. 신앙의 세계에 편의주의가 들어오는 것은 위험하다. 인간의 마음은 참으로 간사하다. 한 번 편해지면 더 편해지고 싶어진다. 신앙생활도 쉽고 편리하게 하고 싶어진다.

기도회를 바라보는 관점이 문제다. 기도를 가볍게 바라보지는 않는가? 이런 태도는 심각한 상태다. 기도를 무시하다 보면 그때부터 교회는 급속하게 무너진다. 합리화를 경계해야 한다. 기도는 부수적인 프로그램이 아니다. 간단히 하면 안 된다. 약식으로 하는 기도회는 결국 사라진다.

금요철야기도회는 대충 하고 끝내면 안 된다. 핑계 거리를 만들면 안 된다. 하려면 제대로 해야 한다. 무조건 시간을 길게 잡으라는 것이 아니다. 시간과 상관없이 제대로 해야 한다. 그런데 제대로 기도하다 보면 은혜가 넘치고, 은혜가 넘치면 길어진다. 문제는 은혜가 떨어지면 한 시간도 길게 느껴진다. 기도를 하다가도 자꾸 시계만 쳐다보게 된다. 그러나 은혜가 넘치면 사람들은 시간을 잊는다. 금요철야기도회가 세 시간이 넘어가는데도 왜 이렇게 짧게 하느냐고 이야기한다.

금요철야기도회가 왜 약식으로 진행되다가 없어졌는가? 은혜는 사라지고 형식만 남아서, 기계적으로 모여서 그렇다. 금요철야기도회를 누가 훔쳐갔는가? 첫째는 물질주의이고 둘째는 편의주의이고 셋째는 형식주의다. 금요철야기도회가 사라진 자리는 크다. 영적 느슨함이 어느 순간 우리의 신앙 안에 깊이 뿌리내리고 있다. 편의주의가 판을 친다. 쉽게 믿으려는 분위기가 만연해졌다.

그런데 감사하게도 오늘날 다시 한국 교회 안에 금요철야기도회를 갈망하는 목회자들과 성도들이 일어나고 있다. 어떻게 하면 금요철야기도회를 다시 일으킬 수 있을까 질문하는 목회자들이 늘어났고, 수영로교회 금요철야기도회를 탐방차 참여하는 사람들도 많아졌다. 그런 일들이 이 책을 쓰게 된 동기 중 하나가 된 셈이다.

금요철야기도회가 은혜롭게 진행되려면 비밀이 있다. 겉으로만 봐서는 알 수 없다. 하루아침에 이루어진 일이 아니기 때문이다. 음식점도 오랜 세월 맛집을 유지하는 곳은 비밀이 분명히 있다. 교회도 그렇다. 비밀 중에는 설명할 수 있는 것도 있고 설명이 안 되는 것도 있다. 설명이 되는 것은 이 책을 통해 하나도 남김없이 한국 교회와 공유하려고 한다. 기도의 불길이 한국 교회 안에 다시 일어날 수만 있다면 무엇이라도 하고 싶다.

기도의 불은 우리가 붙이는 것이 아니다. 하나님이 붙이신다. 그러나 우리는 하나님이 일하실 시간과 공간을 내어 드려야 한다. 그러려면 시간과 대가를 지불해야 한다. 금요철야기도회만큼 좋은 시간은 없다. 금요일 밤을 사수할 때 주시는 은혜가 분명히 있다. 물론 토요일에도 할 일이 많다. 한 주를 치열하게 살아온 사람에게는 쉼과 유흥을 즐기고자 하는 유혹이 있다. 얼마든지 합리화할 수 있는 이유들이 있다. 그러나 이것은 영적 전쟁이다. 양보하기 시작하면 끝이 없다. 인간은 합리화의 명수다. 무엇을 끌어와서라도 자기를 정당화한다. 영적인 경계선을 분명히 그어 놓아야 한다.

금요철야기도회는 오늘날 신앙의 마지막 보루다. 힘들지

만 금요철야기도회를 마치고 집으로 돌아갈 때 기쁨이 있다. 육체적인 쉼에서 오는 기쁨, 그 이상의 무엇이 밀려온다. 현대 그리스도인들에게 있어 신앙의 승부는 금요철야기도회에서부터 시작된다. 금요철야기도회는 작심을 해야 가능하다. 편리한 세상 문화에 빼앗겼던 금요철야기도회를 다시 찾아와야 한다. 시대정신에 저항력을 키워야 한다. 금요철야기도회는 회복되어야 한다. 금요철야기도회를 본래의 자리로 회복할 때 한국 교회에 소망이 있다.

2
기도 없는 교회는
엔진이 멈춘
배와 같다

초대교회는 기도의 자리에서 시작되었다. 한국 교회도 기도하는 교회였다. 기도를 빼고는 한국 교회를 이야기할 수 없다. 한국 교회의 기도 열정은 세계 교회가 알아주었다. 교회를 움직이는 원동력은 기도에서 나왔다. 목회자들에게 가장 중요한 것은 기도의 영성이었다.

그런데 지금은 어떤가? 교회 안에 기도가 어느 지점에 놓여 있는가를 확인해 볼 필요가 있다. 언제부터인가 기도는 우선순위에서 밀려나기 시작했다. 그 대신 사람의 관심을 끌

만한 프로그램들이 기도 자리를 채웠다. 한때는 세미나 바람도 불어닥쳤다. 별별 세미나들이 열렸다. 목회자들은 '바인더 목회'를 시작했다. 어디에선가 배운 것을 교회로 가져와 적용하느라 바빠졌다. 대부분은 방법론에 관한 것이다. 교회는 새로운 방법론에 관심을 가졌다. 교회 성장을 목표한 성장론은 인기가 높았다. 교회들은 방법론의 유행을 탔다.

그런데 한때 인기를 얻던 프로그램들이 어느새 영향력을 잃어 갔다. 유행은 그저 유행에서 그쳤다. 방법론에 따라 전전긍긍하던 교회는 프로그램 천국이 되었다. 성도들도 바쁘고 목회자들도 바빠졌다. 문제는 방법론에 너무 바빠져 기도할 시간이 부족해진 것이다. 성도들은 프로그램을 따라가다가 지쳤다. 한국 교회 성도들의 피로도가 높아졌다.

이제는 방법론의 약발이 떨어졌다. 무엇보다 기도가 식어버렸다. 다시 기도의 열기를 일으키려고 하니 어렵다. 기도회는 이미 폐기물 창고에 저장되어 버렸다. 기도를 잃어버렸다. 기도를 무시한 결과는 교회에 매서운 바람을 몰고 왔다.

기도 없는 프로그램들이 얼마나 왕성하게 일어날 수 있겠는가? 기도가 빠진 프로그램이나 사역은 그것이 무엇이든 성공할 수 없다. 우리는 교회의 방향성을 사도행전적 교회에 두어야 한다. 사도행전에 등장하는 교회에는 프로그램이 없다. 탁월한 방법론을 가지고 움직이지도 않는다. 사도행전에서 전도 프로그램, 훈련 프로그램을 이야기하는가? 그렇지 않다. 다만 사도행전적 교회 사역의 중심에는 성령이 계시다. 그들은 성령 공동체이고 기도 공동체다.

기도가 없는 교회는 엔진이 멈춘 배와 같다. 엔진이 꺼지면 배는 표류한다. 파도를 헤치고 앞으로 나갈 수가 없다. 교회는 기도를 다시 본래의 자리로 되돌려 놓아야 한다. 기도의 우선순위를 회복해야 한다. 기도를 무시하면 교회는 세상에서 무시를 당하게 된다. 교회의 힘은 기도다. 어떤 프로그램보다 기도회를 전진배치해야 한다. 기도가 교회를 이끌어 가도록 우선순위를 재배치해야 한다. 기도회를 기도회답게 해야 한다. 형식적인 기도회는 의미가 없다. 진짜 기도를 해야 한다.

교회는 좀 더 단순해질 필요가 있다. 오늘날의 교회는 너무 복잡하다. 너무 많은 것을 하려고 한다. 방법론들로 넘쳐난다. 과부화가 걸려 있다. 기도회를 또 하나의 프로그램으로 얹어 놓으려고 하면 실패한다. 기도가 살아야 다른 것도 산다. 교회의 한가운데 무게중심에 기도가 자리 잡고 있어야 한다.

먼저 기도가 우리 교회의 어디쯤 위치하고 있는가를 확인.

하는 작업이 필요하다.

철야

3
기도할 때
한국 교회에
살 길이 열린다

위기론을 말하는 사람은 많지만 대안을 말하는 사람은 드물다. 위기라는 말은 누구나 할 수 있다. 위기에 대한 다양한 원인 분석들을 내놓을 수도 있다. 분석도 그럭저럭 할 수 있다. 그러나 더 중요한 것은 위기를 극복할 답이다. 과연 위기의 한국 교회에 답이 있는가?

어떤 사람들은 한국 교회의 문제점을 늘어놓는다. 맞다. 한국 교회, 문제가 많다. 그래서 어떻게 하겠다는 것인가? 지금 한국 교회를 지배하고 있는 것은 패배주의다. 그들이 하는 말을 듣고 있으면 절망감만 밀려온다. 그들은 이제 안 된다고 말한다. 한국 교회는 회생할 수 없을 것이라고 결론을 낸다. 그렇다면 이대로 끝낼 것인가? 그럴 수 없다. 대안을 찾아야 한다.

문제에는 답이 있다. 답 없는 문제는 없다. 물론 우리에게서는 답이 나올 수 없다. 당장 내일만 생각해도 캄캄하다. 그러나 하나님은 답을 가지고 계신다. 위기는 기회가 될 수 있다. 위기를 통해서 하나님이 주시는 교훈을 받는 것이 중요하다. 하나님에게는 위기가 없다. 하나님은 위기를 기회로 바꾸어 사용하신다.

문제는 위기가 오랫동안 진행되고 나면 사람들이 위기를 못 느낀다는 것이다. 위기를 계속 말하다 보면 위기 불감증세가 찾아온다. 무엇보다 위기는 서서히 진행되기 때문에 체감온도가 점점 떨어진다. 나중에는 위기를 전혀 인지하지 못하게 된다. 무엇이 위기인가? 왜 망하는가? 위기를 위기로 보지 않기 때문이다.

위기의 순간에 붙들어야 하는 것은 무엇인가? 본질이다. 지금은 본질로 돌아가야 한다. 신앙의 본질은 무엇인가? 말씀과 기도다. 말씀과 기도는 신앙의 핵심 요소다. 이것은 초대교회 사도들이 붙잡았던 것이다. 그들은 위로부터 임하는 말씀을 듣고 그 말씀에 대한 합당한 반응으로 기도했다. 말씀과 기도는 영적 교통이다. 여기에서 문제가 생기면 교회는 침체의 늪에 빠진다. 다른 것은 다 놓쳐도 말씀과 기도는 결코 놓쳐서는 안 된다. 물론 말씀과 기도가 중요한 것을 모르는 교회는 없다. 어느 교회든지 말씀과 기도를 강조한다. 그러나 이것은 구호만으로는 안 된다. 강조하는 것과 실천하는 것은 다르다.

왜 위기의 답이 기도인가? 교회사에서 답을 얻을 수 있다. 성령의 역사는 기도의 역사다. 모든 부흥 운동의 한가운데는 기도 운동이 있었다. 기도 없이 일어난 부흥은 없다. 한국 교회사에서도 기도는 중심부에 있었다. 한국 교회의 강점이라고 하면 누가 뭐래도 기도였다. 세계 교회는 한국 교회의 기도에 감탄했다. 그동안 기도는 한국 교회 부흥의 견인차 역할을 했다. 그만큼 한국 교회는 기도에 있어서는 열심이었다.

기도는 위기의 답이다. 하나님은 우리가 기도하기를 원하시고, 그 기도를 통해 일하신다. 중요한 것은 우리의 열심이 아니라 하나님의 열심이다. 우리가 일하면 그냥 인간이 일하는 것일 뿐이다. 그러나 우리가 기도하면 하나님이 일하시기 시작한다.

우리가 기도하기 시작하면 교회에 생명의 기운이 찾아온다. 기도의 동력이 일어나면 교회는 활기를 띤다. 가만히 보라. 기도가 미지근해진 교회는 생동감이 없다. 교회의 전체적인 분위기가 싸늘하다. 영적인 기운을 느낄 수 없다. 무엇인가 끝나 가는 분위기다. 교회의 수명이 다한 곳에는 기도가 희미한 옛 추억으로만 남아 있을 가능성이 높다. 기도가 미지근해지면 신앙도 미지근해진다. 기도가 약한데 교회가 활력이 있을 수가 없다.

우리는 기도가 얼마나 위력적인지 알고 있다. 한국 교회가 사는 길 또한 기도에 있다는 것도 알고 있다. 그러나 이 모든 사실을 알고 있다고 기도하는 것은 아니다. 답을 알고 있는 것과 답을 따라 행동하는 것은 다르다.

기도가 만능이라는 말은 아니다. 그러나 기도에는 우리가 생각하는 것보다 훨씬 더 놀라운 비밀이 감추어져 있다. 기도가 기도답게 올려진다면 상황은 달라질 수 있다. 특히 지금의 한국 교회를 바라보면 더욱 기도다운 기도가 갈급해진다.

기도를 이론이 아니라 실천으로 옮길 때 위기는 기회가 될 수 있다. 진정으로 위기의식을 느끼는 사람은 기도할 수밖에 없다. 기도하지 않는 이유는 위기를 실감하지 못하기 때문이다. 위기를 실감하는 사람은 누구인가? 하나님의 음성을 듣는 사람이다. 진정으로 시대를 분별할 수 있는 영적인 감각은 하나님으로부터 온다. 오랫동안 기도의 자리를 지켜 온 사람들은 안다. 이 시대가 얼마나 위기인가를 하나님이 알려 주신다.

기도는 내가 하는 것이 아니라 성령이 하게 하신다. 성령이 이끌어 내시는 사람들이 있다. 이 시대에 대한 부르심을 받은 사람들이다. 그런 사람들은 자기를 위한 기도에만 머물러 있지 않다. 하나님이 기도할 것을 알려 주신다.

기도가 얼마나 중요한 일인가를 깨달은 사람들이 한국 교회 안에 일어나야 살 길이 열린다. 기도는 사명이다. 기도는 우리의 모든 닫힌 문을 여는 열쇠다.

4
한국 민족에게는
기도의 유전자가
흐른다

한국 교회에서만 볼 수 있는 특징 중 하나가 새벽기도다. 교회사를 보아도 새벽기도 운동이 일어났을 때 서양 선교사들은 오히려 말렸다고 한다. 그러나 한국인에게 새벽은 친숙한 시간이다. 새벽기도는 선교사들에게 배운 것이 아니라 한국 그리스도인들이 만들어 낸 거룩한 영적 습관이다.

한국인들이 만든 또 하나의 기도 방법은 통성기도다. 이 또한 서양의 선교사들이 보기에는 특이한 모습이었다. 한국

인들은 모이면 소리를 내어 기도했다. '주여 삼창'은 세계적으로도 유명한 '메이드 인 코리아'다. 아마도 시대적인 환경이 부르짖는 기도를 하게 한 것이 아닌가 생각한다. 온 민족이 고통하고 아파할 때 맺힌 한을 기도로 풀어낸 것이 아니었겠는가? 조용히 읊조리는 기도만으로는 쌓인 한과 울분을 해소하기 부족했을 것이다. 우리 선조들에게 통성기도는 삶을 이겨 내는 자연스러운 방식이었다.

이처럼 지난날 한국 교회 성도들은 기도에 목숨을 걸었다. 한국 교회가 지금까지 성장한 비밀은 누가 뭐라고 해도 기도다. 기도야말로 한국 교회의 영적 부흥기를 이끌던 저력이다. 그래서일까. 한국 교회 성도들 안에는 기도의 열정이 있었다. 새벽기도, 철야기도, 금식기도, 산상기도, 합심기도, 통성기도, 별별 기도회들이 다 있었다. 한국 교회는 모든 것을 기도로 승화하고자 했다. 물론 그 안에는 기복주의적인 요소나 잘못된 열심도 있었다. 그러나 중요한 것은 한국 교회 성도들 안에 있는 기도 영성이다.

한국 교회 성도들에게는 기도가 체질화되어 있었다. 30-40년 전만 해도 교회의 핵심은 기도였다. 기도의 열기가 한국 교회를 뜨겁게 달구었다. 어느 교회든지 기도회가 뜨겁게 일어났고, 기도원마다 사람들이 들끓었다. 목회자든 평신도든 문제만 있으면 기도하러 갔다. 하나님에게 매달리는 일에 적극적이었다.

목사들도 목회할 때 기도로 승부를 걸었다. 위기의 순간마다 기도로 통과했다. 어려움이 오면 기도가 더 강해졌다. 고난이 영력을 키웠고 영적 날개가 되어 주었다. 기도가 영력이다. 기도가 영적 권세로 이어졌다. 다른 것은 좀 부족한 듯했다. 그러나 과거 목회자들과 성도들은 소위 영력이 있었다. 비록 가진 것은 많지 않지만 영권은 가지고 있어야 한다고 여겼다. 영권은 위로부터 오는 것이다.

그동안 한국 교회는 많이 발전했다. 성경공부도 많이 하고 좋은 프로그램들도 많아졌다. 목회자들은 학력도 높아졌다. 왠만하면 다 박사님들이다. 그만큼 설교 내용도 좋아졌다. 교회가 얼마나 세련되어졌는가? 투박하고 촌스럽던 것이 사라졌다. 교회마다 카페는 물론 근사한 복지 센터까지 갖추고 있다. 겉으로는 모자라는 것이 없어 보인다. 그러면 이전보다 더 잘되어야 하는 것 아닌가?

그런데 이상하다. 백약이 무효해 보인다. 무엇인가 하나가 빠져 있다. 그런데 그 하나가 문제다. 결정적인 하나이기 때문이다. 영권이 약해졌다. 설교의 내용은 좋아졌는데 영권이 느껴지지 않는다. 기도 소리는 이전과 같은데 그 안에 깊은 영혼의 울림이 없다.

모든 한국 교회가 코로나19로 직격탄을 맞았다. 현 상황을 생각하면 잠을 자다가도 벌떡 일어나게 된다. 과연 이전으로 돌아갈 수 있을까? 그러지 못할 가능성이 크다. 이전으로 돌아가는 것도 문제다. 이미 다른 시대가 우리 앞에 와 있기 때문이다. 포스트 코로나 상황은 우리를 더 혹독한 환경으로 몰아넣을 것이 뻔하다.

그런 점에서 지금은 기독교 역사, 인류 역사의 전환점이라 할 수 있다. 아주 중요한 시점이다. 이때 우리는 어디로 갈 것인가 생각해 봐야 한다. 한국 교회는 과연 일어설 수 있을까? 변화는 가능할까?

많은 부분에서 이전의 영적 체력을 회복하기 쉽지 않아 보인다. 좋다는 프로그램을 아무리 도입해도 그것으로는 안 된다. 왜냐하면 프로그램의 문제가 아니기 때문이다. 제도의 문제나 시스템의 문제도 아니다. 나는 프로그램 무용론자는 아니다. 포스트 코로나 시대가 오면서 온라인 사역이 중요해졌다. 프로그램도 다 필요하다. 그렇지만 그것만을 절대적으로 보는 것이 문제다. 지금 한국 교회가 사는 길은 더 질 높은 프로그램의 유무에 달려 있지 않다. 프로그램으로는 이제 성도들도 이력이 났다. 그동안 우리가 안 해 본 것이 없지 않은가? 교회는 별 방법들을 다 써 봤다. 기발하다는 묘수들도 이제는 바닥이 났을 정도다. 이제는 웬만해서는 안 된다는 것을 알고 있다. 더 세련되어져야 하는 것도 아니다. 카페를 만들고 온라인 시스템을 더 잘 갖추는 것도 비결이 아니다. 모든 것을 다 갖추어도 '그 무엇'이 빠져 있으면 다른 것은 의미가 없어진다.

오늘날 한국 교회의 관건은 복원력이다. 나이가 든 사람들은 회복이 느리다. 몸이 건강하지 않기 때문에 약도 잘 통하지 않는다. 먹은 것도 소화를 잘하지 못한다. 그런데 몸 자체가 건강하면 금방 기력을 회복한다. 아이들을 보면 회복이 빠르다. 하룻밤 자고 일어나면 힘이 펄펄 넘친다. 교회에도 이런 복원력이 있어야 한다. 망가져도 복원이 되면 문제가 없다. 그런데 한국 교회는 복원력이 많이 떨어져 있다. 부흥기에는 복원력이 있었다. 교회 공동체 안에 역동성이 넘쳤다. 그러나 지금은 아니다.

한국 교회는 과연 다시 회복할 수 있을 것인가? 회복한다면 어떻게 회복할 것인가? 그런데 그보다 더 중요한 질문이 있다. '하나님은 우리를 회복하고자 하시는가?'이다.

에스겔의 마른 해골 떼 환상을 떠올린다. 하나님은 불가능해 보이는 상황 안으로 에스겔을 데리고 가셨다. 아무리 돌아보아도 절망 그 자체였다. 다시 회복할 가능성이 1퍼센트도 없어 보였다. 인간의 눈으로는 불가능한 일이다. 바람이 불면 뼈의 잔해가 굴러다니고 먼지들이 흩날렸다. 그야말로 절망 그 이상이다. 그러나 하나님은 그런 곳에서 역사를 시작하신다. 하나님은 불가능한 곳에서 에스겔을 통해 가능하게 하셨다. 그분에게 불가능은 없다.

하나님은 우리가 절대적인 믿음을 가지기 원하신다. 우리에게 믿음이 필요하다. 그 믿음은 기도를 통해서 일어난다. 기도는 한국 교회의 DNA이다. DNA는 지우거나 바꿀 수 없다. 그 안에는 하나님의 지문이 새겨져 있다. 하나님은 한국 교회 안에 있는 이 지문을 드러내기 원하신다. DNA는 드러나게 되어 있다. 아무것도 없는데 만들어 내는 것은 어려운 일이다. 그러나 안에 있는 것을 드러내는 일은 쉽다. 한국 교회의 영성 안에 기도가 있다. 기도의 우물을 파면 금방 물이 나오게 되어 있다.

한국 교회는 역경의 시대를 통과하면서 기도를 배웠다. 기도가 얼마나 위력적인 것인가를 경험했다. 우리는 믿음의 선진들이 닦아 놓은 길을 따라가면 된다. 그것이 한국 교회 안에 숨겨진 기도의 DNA를 복원하는 길이다. 마지막 시대인 지금, 한국 교회가 세계 교회를 위해 일어나야 할 때다.

5

타성을 걷어 내고
영적 권세를
되찾아야 한다

1992년 초 나는 호주에서 개척 교회를 시작
했다. 그 무렵 한국 교회는 성장이 멈추고 침체기에 막 접어
들고 있었다. 나는 종종 한국을 방문할 기회가 있었는데, 그
때마다 한국 교회의 분위기나 영적 상태가 이전과 다름을 온
몸으로 느낄 수 있었다. 멀리서 본 조국 교회의 현실에 안타
까움이 밀려왔다. 큰일 났다는 생각이 들 때가 한두 번 아니
었다. 그런데 의외로 한국 교회 안에서는 위기감을 전혀 못
느끼는 분위기였다. 위기라는 말들은 간간이 들었다. 그러나

위기의식을 체감하고 있는 것 같지 않았다.

물고기들은 물을 의식하지 않고 산다. 물 밖으로 나와야 비로소 물을 볼 수 있다. 마찬가지로 바깥에서 한국 교회를 바라보는 시선이 더 객관적일 수 있다. 외부인의 시선으로 본 한국 교회는 심각해 보였다. 문제는 기도의 약화였다.

왜 기도가 약해졌을까? 여러 요인 중 하나는 한국의 경제적인 성장과 연결되어 있다. 한국은 1990년대부터 가파른 경제적 성장세를 보였다. 그 추이는 세계가 놀랄 정도였다. 호주에서 20년간 살면서 바라본 한국 사회 전반에 일어난 변화는 실로 엄청났다. 나는 그 변화의 과정을 바깥에서 적나라하게 보았다.

먼저 물질주의가 교회 안으로 밀고 들어왔다. 배고프던 시대는 지나갔다. 시련과 고통의 시간 속에서 하나님에게 매달릴 수밖에 없었던 시대는 옛 추억이 되고 말았다. 문제는 풍요가 가져다준 폐해가 혜택보다 더 많았다. 가장 큰 폐해는 영적인 퇴보다.

배가 부르면 기도는 약화된다. 인간의 약점이다. 배가 부르면 기도가 안 나오고 하품이 나온다. 금방 기도의 열기가 시든다. 한순간이다. 물질적인 풍요는 세속화를 가속시켰다. 그 결과 하나님의 자리에 돈이 대신하고 말았다. 이전에는 배가 고플 때 기도원에 올라갔다. 금식인지 굶식인지 구별이 안 될 정도였다. 시대적으로 기도할 수밖에 없었다. 삶이 고달팠다. 기도 외에는 다른 길이 없었다. 붙들 것은 오직 하나님뿐이었다. 기도는 절박함 속에서 뜨거워지고 고난이 깊을수록 깊어진다. 물질이 없을 때는 현실이 가난하기도 했지만 심령이 가난했다. 내세울 것이 하나도 없었다.

그런데 이 가난한 시절의 영성이 배가 부르면서 점점 사라져 갔다. 신앙의 약화는 갑자기 일어나는 일이 아니다. 신앙에 긴장감이 사라지면서 나도 모르게 점진적으로 일어난다. 확실한 것은 기도에 힘이 빠졌다. 기도를 하긴 한다. 그런데 그야말로 기백이 없다.

신앙의 세계에서 가장 무서운 것 중에 하나는 타성이다. 영적 타성은 무섭다. 영적 매너리즘, 영적 타성이 찾아오면 죽는 줄 모르고 죽는다. 자신의 상태를 인지하지 못하기 때문에 스스로 함정에서 빠져나오지 못한다. 영적 타성에 젖어들면 개인의 신앙도 죽고 교회도 죽는다. 영적 타성에 젖으면 영혼 없는 형식주의적인 신앙만 앙상하게 남는다. 그런데 지금 한국 교회를 뒤덮고 있는 것이 영적 타성이다. 영적 타성을 걷어 내는 것은 보기 드문 일이다.

인간은 배가 부르면 자만이 찾아온다. 좀처럼 하나님을 애타게 찾지 않는다. 요한계시록의 라오디게아 교회의 모습이 이와 같다. 그들은 부자라 부족함이 없다가 자만하게 되었다. 그들도 한때는 뜨거웠을 것이다. 그런데 어느 순간 시들해진 것이다. 기도는 갑자기 죽는 것이 아니다. 어느 순간 뒷전으로 밀려나는 것이다. 기도회가 그렇게 뒷전으로 밀렸다. 성경공부에는 사람들이 많이 몰린다. 그러나 기도회에는 점점 사람이 줄어든다.

기도에 대한 무관심은 무서운 현상이다. 반드시 해결해야 한다. 영적인 욕구가 사라졌다면 그냥 넘어갈 일이 아니다. 교회가 죽는데 가만히 있을 수 있는가? 기도의 동력이 떨어졌다면 교회가 문 닫기 직전이라는 말이다. 경고음을 들어야 한다. 기도에 대해서 무관심해졌다면 하나님으로부터 받을 것이 없다. 그 교회는 아무 일도 일어나지 않는다. 일어날 리가 없다.

한국 교회는 건물도 화려하고 프로그램도 세련되었다. 목회자들의 설교도 내용면에서 수준이 높아졌다. 그런데 왠지 능력이 약화되었다. 영권이 현저히 떨어졌다. 이상한 일이다. 모든 것을 다 가지고 있는데 무엇인가 허전하고 허약하다. 기도를 다시 일으켜야 한다. 기도가 일어나야 신앙도 일어난다. 기도가 살아야 교회가 산다.

영권을 회복해야 한다. 초대교회 제자들에게는 중요한 터닝포인트가 있었다. 어느 순간 그들은 달라졌다. 복음서에서 제자들은 패배주의로 가득한 모습이었다. 꼬리를 감추기 일쑤였다. 그들 안에는 담대함이 없었다. 문제를 직면하지도 못했다. 그런데 오순절 성령 강림 이후 그들은 날아올랐다(행 3장). 영적인 비상(飛上)이었다. 결정적인 상황에서 빛이 났다. 베드로와 요한의 영적 기개가 부럽다.

> 베드로가 이르되 은과 금은 내게 없거니와 내게 있는 이것을 네게 주노니 나사렛 예수 그리스도의 이름으로 일어나 걸으라 하고 행 3:6.

오늘날 한국 교회는 이런 영적 담대함을 확보해야 한다. 그 담대함은 저절로 주어지지 않는다. 담대함이 없으면 비겁해진다. 목소리를 크게 외치는 것이 선포가 아니다. 목소리 크기와 상관없다. 소리를 내지 않아도 된다. 영적 권세만 있으면 된다. 영적 권세가 있는 사람은 눈빛과 걸음걸이가 다르다. 세상을 흔들어 놓을 것 같은 범상치 않은 기운이 있다.

영적 자존심이 무너졌는데도 망가진 채로 아무 것도 하지 않고 있는가? 직장에서 신자라는 것 때문에 무시를 당하는 데도 자존심 상하지 않는가? 이것은 위기다. 반전을 시도해야 한다. 하나님 백성의 당당함을 놓치면 살맛이 안 난다. 우리는 영적 기상을 회복해야 한다. 한없이 겸손하고 온유하되 세상이 함부로 근접할 수 없는 기품이 있어야 한다. 그것을 가능하게 하는 것이 영적 권세다.

6

영적 온도를 높이려면
금요철야기도회가
답이다

　　　　사람은 체온이 떨어지면 위험하다. 면역력
이 떨어지고 암에 걸리기도 쉬워진다고 한다. 또 바다에 빠
졌을 때는 아무리 수영을 잘해도 저체온증 때문에 오래 버티
지 못한다. 타이타닉호가 침몰했을 때도 거대한 빙산이 녹은
물에서 사람들은 금방 저체온증으로 죽어 갔다.

　교회도 영적인 온도가 중요하다. 그런데 요즘 교회들, 영
적 온도가 현저히 떨어졌다. 한국 교회는 지금 영적 저체온
증에 시달리고 있다. 분위기가 미지근하다 못해 싸늘하다.

이유가 무엇인가? 기도의 약화 때문이다. 기도회들이 죽었다. 기도회가 죽으면 교회의 분위기는 식을 수밖에 없다. 주님이 라오디게아 교회에게 주신 말씀이 떠오른다.

네가 이같이 미지근하여 뜨겁지도 아니하고 차지도 아니하니 내 입에서 너를 토하여 버리리라 계 3:16.

주님의 말씀은 준엄하다. 미지근한 교회를 향한 주님의 심판은 예사롭지 않다. 토하여 내치겠다는 말씀은 혐오스러워하신다는 뜻이다. 더는 돌아보지 않겠다는 말씀이다. 거의 끝 지점에서 하시는 경고들이다. 우리는 지금 이 경고의 말씀을 새겨들어야 한다. 오늘날 우리 교회를 향한 주님의 말씀은 아닌지 돌아보아야 한다.

교회는 영적 열기가 식으면 거의 끝 지점이라고 보면 된다. 다른 것은 몰라도 열기가 있어야 한다. 교회는 뜨거워야 한다. 영적 열기가 사라지면 무엇을 해도 잘 모이지 않는다. 영 분위기가 살아나지 않는다. 사람들의 얼굴이 시큰둥하다. 어쩌다가 모여도 얼굴에 짜증이 나 있다. 왜 바쁜데 나오라고 하느냐고 따진다. 사람들이 드세어진다. 기도회도 자원

봉사자들 모집하듯 해야 할 분위기다. 안되는 교회다. 이런 교회는 무엇 하나 시작하는 것이 어렵다. 무엇을 하려고 해도 딴지를 건다. 회의하다가 볼일 다 본다. 회의에 회의를 거듭하다가 결국은 하지 말자는 결론을 낸다. 무엇이든 믿음이 있어야 시작할 수 있는데 그 믿음이 없다. 믿음이 있으면 예산이 없어도 시작할 수 있지만, 믿음이 사라지면 돈을 쌓아 놓고도 아무 것도 못 한다.

잘되는 교회를 보자. 이런 교회는 기본적으로 분위기가 후끈하다. 예배도, 기도회도, 어떤 모임이든지 뜨겁다. 성도들의 얼굴을 보아도 다르다. 영적으로 얼굴이 상기되어 있다. 건드리면 간증이 터져 나온다. 긍정적인 분위기가 압도적이다. 무엇이든 해 보려고 하는 사람이 많고 무엇을 하든 열정적으로 참여한다. 열심이 특심이다. 잘 모이고, 모이면 잘 흩어지지 않는다. 그러니 무엇을 해도 잘된다. 과연 지금 우리교회는 어떤가? 뜨거운가, 식어서 미지근한가? 각자의 교회를 진단해 보라.

체온이 떨어지면 면역력이 떨어지는 것처럼, 교회가 영적으로 식으면 온갖 시험에 들 가능성이 높아진다. 별것 아닌 일이 이슈가 되고 논쟁을 하다가 교회가 나뉜다. 오늘날 분

열 문제에 휩싸여 있는 교회가 얼마나 많은가? 작은 것 하나도 그냥 넘어가지 않고 시비가 붙는다. 왜 성도들이 말이 많아지는가? 은혜가 떨어졌다는 증거다. 은혜가 떨어지면 모든 에너지가 입으로 모인다. 말 잔치가 벌어진다. 일꾼은 줄어들고 말쟁이들이 판을 친다. 그런 교회에서 잘될 일이 없다.

교회는 뜨거워야 한다. 싸늘해지면 죽어 가는 것이다. 분위기가 냉랭한데 될 것이 있을 리가 없다. 영적 온도를 올려야 한다. 온도를 어떻게 올릴 수 있는가? 비법은 다른 데 있지 않다. 오직 기도에 있다. 두세 사람이 마음을 모아 기도하면 교회는 다시 뜨거워진다. 뜨거워지면 말이 줄어든다. 은혜가 충만하면 말쟁이가 설 자리가 없다.

교회에 문제가 있으면 하나님을 향하여 나가면 된다. 할 말은 하나님께 하면 된다. 사람 중에는 내가 하고 싶은 말 다 해도 들어 줄 이가 없다. 10분만 혼잣말을 해 보라. 다들 자리를 뜨고 말 것이다. 우리 말을 들어 줄 분은 오직 한 분 하나님밖에 없다. 기도하면 할 말이 줄어들고 자연스럽게 잠잠해진다. 거칠던 사람들도 기도를 계속하면 부드러워진다. 기도로 교회가 뜨거워지면 교회 안에 온갖 잡균이 사라진다.

교회는 사람들이 모인 곳이다. 연약한 사람들이 모인 곳은 시비와 분쟁이 그치지 않는다. 이민교회 목회를 하는 동안에 그곳 실상을 있는 그대로 보았다. 한국인이나 외국인이나 사람은 다 똑같다. 그러나 이민사회라는 특수성에서 오는 남다른 분위기가 있다. 이민사회가 좁다. 좁은 곳에서 살다가 넓은 곳에 와도 그 사람의 시야는 다시 좁아진다. 좁다 보니 문제가 발생한다. 사람이 모인 곳에는 언제나 문제가 발생한다. 별것 아닌 일로 법정 소송까지 가기도 한다. 요즘 한국 교회 내에 법정 시비가 붙는 일들이 비일비재하다. 교회 문제는 교회 안에서 풀어야 한다. 교회 문제를 바깥에서 풀려고 하는 것은 수치스러운 일이다. 교회 분쟁이 빈번하게 일어나는 것은 영적 저체온증을 앓고 있다는 증거다.

고린도교회가 그랬다. 세상에서 일어나는 일들이 교회 안에서 그대로 일어났다. 그러면 교회는 한순간에 온갖 문제들로 풍비박산된다. 교회는 성자들이 모인 곳이 아니다. 반복적으로 영적 순환이 일어나야 한다. 영적 면역력을 높여야 한다. 그래야만 교회가 살길이 열린다. 영적 온도를 높이면 면역력이 좋아진다. 교회에 영적 면역력이 생기면 웬만한 문제와 시험은 극복한다. 문제가 문제가 안 된다.

문제 없는 교회가 어디 있는가? 지상에 그런 곳은 없다. 누군가 이런 말을 했다.

"문제 없는 교회를 찾아 보라. 혹시 있다면 당신은 그 교회에 가지 말라. 당신이 가는 순간 그 교회는 문제 있는 교회가되기 때문이다."

어느 교회든 문제가 있다. 지상 교회는 연약함 투성이다. 문제가 안 터질 때가 없다. 바다에 나가 보라. 파도 없는 바다가 있는가? 어느 바다든 매일 파도가 친다. 그렇다면 왜 배가좌초되는가? 파도가 커서가 아니라 배가 작아서다. 배가 작으면 작은 파도에도 시달린다. 작은 배는 어느 파도에든 휩쓸려 넘어진다. 넘어지지 않으려면 배의 크기를 키워야 한다. 큰 배는 비가 오고 바람이 불어도 항해를 멈추지 않는다.

지금 한국 교회는 작은 풍랑에도 요동을 친다. 속수무책으로 넘어진다. 배가 아니라 파도를 키우고 있다. 교회는 큰 배와 같아야 한다. 문제의 파도를 거슬러 목적지를 향해 도도히 항해해야 한다. 어떤 교회가 큰 배와 같은가? 기도하는 교회다. 비결은 기도에 있다.

더 구체적으로 금요철야기도회가 답이다. 기도하는 교회는 하나님이 동역해 주신다. 기도하는 교회의 키는 하나님이쥐고 계신다. 그리고 기도하는 교회는 영적 열기로 뜨겁다.

뜨겁게 기도하는 운동이 일어나야 한다. 기도 없이 교회의
온도는 결코 올라가지 않는다. 교회를 냉골로 만들지 않으려
면 기도의 불을 다시 지펴야 한다. 다른 길이 없다.

7
철야기도회는
한국 교회의
야성이다

같은 새과 동물이라도 독수리와 닭은 다르다. 독수리는 바닥에 떨어진 것을 주워 먹지 않는다. 그들은 높은 벼랑 끝에 산다. 벼랑을 무서워하지 않는다. 벼랑에서 날개를 펴고 높이 날아오른다. 벼랑에서 더 빛이 난다. 그것이 야성미다. 그런데 동물원에 갇힌 맹수들은 야성이 사라진다. 새장에 갇힌 새는 절대 높은 하늘을 날지 않는다. 주인이 던져 주는 모이에 길들고 나면 새장을 열어 놓아도 도망가지 않는다. 한국 교회가 잃은 것이 바로 이 야성이다. 야성을 잃어버린 교회는 온실 속 화초와 같다. 그리스도인은 종이호랑이가 됐다.

초대교회는 야성이 있었다. 사도행전을 보면 사도나 집사들에게서 야성이 번득인다. 초대교회 그리스도인들은 소수자였다. 그들은 주류 그룹에 의해 배척당하고 소외당했다. 예수에 대한 신앙을 갖는 순간부터 세상에서 고립되었다. 교회의 역사는 순교의 역사다. 믿음의 길은 피를 요구했다. 요즘 신자들이 만나는 안티크리스천들의 따가운 시선이나 악담은 초대교회와 비교하면 아무것도 아니다. 초대교회 성도들은 거친 환경에서 신앙생활을 했다. 환난과 시련의 파도가 거셌다. 애매한 신앙으로는 버텨 낼 수 없었다. 그들은 난관을 돌파하는 신앙을 가져야 했다.

신앙의 야성은 잡초와 같아야 한다. 지금은 잡초 같은 신앙이 필요한 때다. 잡초를 보라. 아무리 밟아도 다시 일어난다. 시드니에서 살던 집은 앞마당과 뒤뜰에 잔디가 있었다. 잔디는 보기에는 좋았지만 가꾸려고 하면 마치 전쟁을 치르는 것 같았다. 잔디에 잡초가 생기면 무섭게 번져 나간다. 잠시라도 한눈을 팔고 돌보지 않으면 금세 잡초밭으로 변한다. 잡초는 아무리 뽑고 뽑아도 어디선가 다시 나온다. 잡초는 모질고 끈질기다. 죽은 것 같은데 죽지 않는다. 사라진 것 같지만 다시 나타난다. 밟을수록 신이 나서 올라온다. 잡초의 번식력은 대단하다. 화초는 물을 주지 않으면 금방 시들거나 죽는데 잡초는 물을 안 줘도 산다. 신기하다. 생명력 하나는 놀랍기 그지없다. 때로는 콘크리트 도로까지 뚫고 올라오는 괴력을 보인다. 잡초를 보면서 우리의 신앙도 잡초 같으면 얼마나 좋을까 생각한다.

잡초 같은 신앙이 바로 야성이다. 어떤 외부적인 환경에도 기죽지 않아야 한다. 어려움이 있으면 있는 대로 밀고 나가야 한다. 장애물이 있든 없든 상관없이 가던 길을 가야 한다. 우리의 신앙이 이래야 한다고 믿는다. 초대 교회뿐만 아니라 한국의 초기 믿음의 선진들은 야성이 있었다. 한국 교회의 야성은 철야기도, 산기도, 금식기도로 드러났다. 야성을 가진 신앙인이 되려면 편안한 일상과 싸워야 한다.

어느 시점부터인가 한국 교회 안에 지성이 중요한 흐름을 차지하게 되었다. 본래 의도는 아니었겠지만 그 후 교회마다 분위기가 너무 훈련이나 교육, 강의 중심으로 흘렀다. 나도 목회를 하는 가운데 훈련 사역에 집중했다. 훈련 사역을 멈춘 적 없다. 성도들을 훈련하는 일은 중요하다. 그러나 훈련을 하다 보면 옆으로 빠지기 쉽다. 머리로만 훈련하는 것이다. 몸이 안 움직인다. 신앙의 세계에서 지성은 중요하다. 그러나 지성주의는 경계해야 한다. 머리만 커지고 행동은 소극화 될 가능성이 크다.

아는 것은 신앙이 아니다. 아는 것이 삶에서 우러나와야 한다. 말씀이 현실이 되어야 한다. 아는 것을 몸으로 실천하는 것이 핵심이다. 행동하지 않는다면 참으로 아는 것이라고 말하기 어렵다. 아는 것을 삶으로 옮기는 과정이 약해지면 종교화로 간다. 겉은 멋져 보이는데 내용이 부실해지고만다. 한국 교회 안에도 영지주의적인 요소들이 있다. 지성주의는 경계해야 한다. 반지성주의도 마찬가지다. 감성주의도 피해야 한다. 균형이 중요하다. 지성, 감성, 야성의 균형을 잡아야 한다.

지금 한국 교회에 필요한 것은 야성이다. 한국 교회는 그동안 너무 세련되어졌다. 모험을 하지 않는다. 새로운 시도를 하지 않는다. 고정된 틀 안에 갇혔다. 신앙이 정형화되었다. 안정감에 취해 현실에 안주하는 신앙으로 변질되었다. 그리스도인들이 교회 안에 갇혀 있다.

사도행전 교회의 특징은 역동적이었다는 것이다. 성령의

공동체는 역동적이다. 멈추어 선 강이 아니라 파도치는 바다다. 마치 불과 바람처럼 어디로 불어 댈지, 어디로 번질지 알 수 없다. 이런 공동체는 뒤로 물러서지 않는다. 장애물이 있으면 뚫고 지나간다. 저돌적이다. 거대한 물길이 넘쳐흐른다. 아무도 막을 수가 없다. 초대교회는 한마디로 정의를 내릴 수 없는 그룹이었다. 소수였지만 다수의 힘에 밀리지 않았을 뿐더러 세상을 흔들어 놓았다. 교회는 세상에서 가장 역동적인 모습을 가지고 있었다. 한국 교회가 지금 회복해야 할 모습이다.

한국 교회는 지금 야성이 필요하다. 철야기도는 야성을 일으킨다. 야성을 일으키는 철야기도회를 회복해야 한다. 이전의 한국 교회 성도들은 밤을 새워 기도했다. 그때의 한국 교회는 야성이 있었다. 내가 청소년이었을 때 산에 올라가 밤을 새워 기도한 기억들이 있다. 지금 생각하면 어떻게 그렇게 했는지 모르겠다. 돌아보면 신앙의 여정에서 가장 행복했던 순간들 중 하나가 아니었나 생각한다.

밤에는 자야 한다. 그런데 잠을 포기하고 기도로 맞서는 일이 야성이다. 이처럼 철야기도회는 그저 흘러가는 대로 몸을 맡기지 않겠다는 결연함이 있어야 가능하다. 기억하기로는 예전에는 금요철야기도회를 하지 않는 교회가 별로 없었다. 어디를 가나 기도로 밤을 밝혔다. 목회자들도 금요철야기도회로 이력이 났다. 교회당의 밤은 기도의 불이 꺼지지 않았다. 그런데 그 기도의 불이 꺼졌다. 기도의 불이 꺼지면 무슨 일이 일어나는가? 시대에 길들여진다. 상황 논리에 설득당하고 만다. 세상의 탁류에 무기력하게 끌려다녀야 한다. 이빨 빠진 호랑이가 된다.

금요철야기도회는 파수꾼의 사명이다. 모두가 잠들어 있을 때 깨어 기도하는 사람이 있어야 한다. 깨어 있으려면 남들과 다르게 살아야 한다. 세상의 흐름에 역류해야 한다. 모두가 자는 밤에 일어나 기도하는 것은 일종의 역류다. 나만 깨어 있을 것이 아니라 자는 자들을 깨워야 한다. 깨어 있는 영성으로 공동체를 지키고 시대를 지켜 내야 한다. 지금은 너무 어두워져 버렸다. 너무 혼탁하여 시대가 잔뜩 흐리다.

우리 시대의 핵심적인 영성은 깨어 있음이다. 잠들지 않는 정도가 아니다. 높은 망대에 올라가 파수꾼의 사명을 감당해야 한다. 파수꾼은 누구인가? 기도하는 사람이다. 새벽을 깨우며 기도하고 밤을 새워 기도하는 사람이다. 세상에 길들지 않으려면 소극적인 대응으로는 안 된다. 야성적인 그리스도인은 남다르게 살기로 작정해야 한다. 공격적이어야 한다. 문제가 터지면 겨우 기도하는 정도로는 안 된다. 평범한 기도 생활로는 안 된다. 역류해야 한다. 그것이 야성이다. 지금 우리에게는 야성적인 신앙이 필요하다.

금요일 밤, 철야기도회에 달려오는 성도들을 보면 야성을 느낀다. 추운 겨울에도 무장하고 밤을 새울 각오로 나오는 성도들은 눈빛은 남다르다. 세상에 온순하게 길들지 않은 투박함이 그렇게 매력적일 수 없다.

8
기도의 불씨가
남아 있을 때
시작하라

산불이 나면 불씨가 중요하다. 불을 다 껐다고 하더라도 불씨가 남아 있는지 확인해야 한다. 불씨가 남아 있으면 언제든지 다시 불이 붙을 수 있다. 불씨가 남아 있다면 다시 불을 일으키는 일은 어렵지 않다.

교회 안에 기도의 불씨가 남아 있는가? 중요한 질문이다. 많은 교회에 기도의 불씨가 꺼졌다. 영적으로 혼미한 상태다. 기도할 의욕마저도 없는 안타까운 교회가 많다. 기도의 불씨가 없으면 다시 불을 붙이기가 힘들다. 원점에서 시작해야 한다. 그러나 반갑게도 아직 한국 교회 안에는 기도의 불씨가 있다. 아직 기도하는 교회가 있고, 많지는 않아도 기도의 무릎으로 살고 있는 성도들이 있다. 그들을 모아야 한다. 불씨를 살려야 한다. 불씨가 조금이라도 남아 있다면 다시 불타오를 가능성이 있다.

모든 사람이 기도하지 않는다. 아무리 기도를 강조해도 기도하는 사람이 기도한다. 당신이 그 한 사람이 되면 된다. 기도의 자리를 지키는 성도는 단 몇 사람만 있어도 된다. 그루터기가 있으면 된다. 중요한 것은 그루터기다. 산불이 나서 모든 나무가 다 타 끝난 것처럼 보인다. 그런데 시간이 흐르면서 다시 나무들이 여기저기 솟아오른다. 이유는 뿌리가 남은 나무들이 있었기 때문이다. 교회 안에도 뿌리 같은 역할을 하는 신자들이 있다. 기도하는 사람들이다. 그들이 교회를 살린다. 오늘날 한국 교회에 어려움이 폭풍처럼 밀려와도 걱정할 것이 없다. 기도의 자리를 지킨 그루터기들이, 교회를 다시 일으킬 부흥의 그루터기들이 있다. 그들은 소리를 내지 않지만 묵묵히 기도로 자신의 사명을 다한다.

두세 사람이 내 이름으로 모인 곳에는 나도 그들 중에 있느니라 마 18:20.

두세 사람을 무시하면 안 된다. 많이 모인다고 되는 것이 아니다. 힘 있는 기도의 비결은 수에 있는 것이 아니라 질에 있다. 중요한 것은 주께서 함께하시면 된다. 이 말씀의 강조점은 "두세 사람"이 아니라 "나도 그들 중에 있느니라"이다. 성령이 함께하시면 두세 사람으로도 충분하다. 기도의 불씨가 아주 작아도 위력적인 기도를 할 수 있다. 세상을 움직일 수 있다. 불씨를 알아보는 눈이 필요하다.

아직 한국 교회는 기회가 남아 있다. 기도의 불은 꺼지지 않았다. 하나님은 아직 촛대를 옮기지 않으셨다. 우리에게 기회를 허락하고 계신다. 무엇을 보고 알 수 있는가? 교회들마다 기도에 대한 열망을 가지고 있다. 어느 교회를 가 보아도 교회 안에 기도하는 종들이 있는 것을 본다. 어디에나 기도하는 사람들이 있는 것이 은혜다. 기도의 열망을 가진 성도들이 있는 것이 감사다. 기도하는 그루터기들이 있다는 것은 축복이다. 그 교회에 기도하는 사람이 있다는 것은 하나님의 기대가 남아 있다는 뜻이다. 그들은 누구보다 교회를 사랑하는 사람들이다. 아무리 약해진 교회라도 기도하는 성도가 있는 한 그 교회는 무너지지 않는다. 그들이 교회를 지킨다. 그들은 기도의 불씨다. 이런 불씨가 어느 교회든 분명히 있다. 하나님이 남겨 놓으신 보배들이다.

기도의 불씨는 신비다. 하나님은 기도의 불씨들을 사용하신다. 기도의 불씨가 모여 다시 일어나면 언젠가 기도의 불길로 변할 날이 온다. 아무리 큰 불길도 결국은 불씨에서 시작한다. 불씨가 모이면 얼마든지 불길로 변할 수 있다. 사도행전 초기에 마가의 다락방에서 120명으로 시작한 기도 모임은 기도의 불씨였다. 그런데 미미했던 불씨는 얼마 안 가 불길로 변해 거세게 일어났다. 한국 교회의 역사를 보아도 1907년 평양대부흥이 있기 전에 1903년 원산을 중심으로 한 기도의 불씨가 먼저 있었다.

불씨는 결코 작지 않다. 옮겨붙으면 무슨 일이 일어날지 모른다. 불씨에 바람이 불면 거대한 산을 태우고도 남는 큰 불길이 된다. 불씨가 불길로 번지면 쉽게 막지 못한다. 하나님은 오늘도 우리 교회들 안에 불씨를 사용하고 싶어하신다. 기도의 사람들, 기도의 공동체들, 기도하는 교회들을 일으키기 원하신다. 기도하는 사람들이 일어나면 일이 벌어진다.

금요철야기도회에 몇 명이 모이느냐는 중요하지 않다. 불이 있는 사람들이 모이면 된다. 금요철야기도회는 교회 안에 기도의 불씨를 모으는 일이다. 기도하는 사람들을 기도의 자리에 모아야 한다. 그들이 마음껏 기도할 수 있는 장을 만들어 주면 기도의 동력은 금방 일어난다. 기도하는 사람들이 각개전투로 할 것이 아니라 함께 기도할 수 있도록 만들어 주는 일이 교회가 할 일이다.

지금은 부흥을 경험했던 시대의 향수를 가진 세대가 살아 있다. 이제 그 기도의 불길을 다시 이어받아야 한다. 기도의 바통 터치가 일어나야 한다. 지금이 중요하다. 시기를 놓치지 않아야 한다. 불씨를 꺼트리면 안 된다. 불씨를 귀중하게 여겨야 한다. 아직 그 불씨가 남아 있을 때, 금요철야기도회를 시작해야 한다

Part 2

금철,
모이는 것이
즐겁다

9

밤을 새워
기도해 본 사람만
아는 비밀이 있다

　　　　　수영로교회 금요철야기도회는 보통 밤 9시
에 시작해 자정을 지나 새벽 1시까지 이어진다. 한 달에 한
번, 마지막 주 금요일에는 새벽 4시까지 인도한다. 그야말로
올나이트(all night)다.

　새벽 4시까지 인도하게 된 배경이 재미있다. 어느 날 금요
철야기도회 설교를 시작하기 전에 가벼운 마음으로 이전 한
국 교회 철야기도회에 대해서 이야기한 적이 있다. 이전에는
새벽 4시까지 기도했다고 말이다. 지나가는 이야기로 "우리

라도 새벽 4시까지 할까요?" 하고 툭 던졌는데 성도들이 박수로 화답해 주었다. 박수의 의미는 긍정이다. 언제나 성도들이 더 열심이다. 성도들의 기도의 열정이 드러난 순간이었다.

기도하는 성도들은 준비가 되어 있었다. 그때부터 우리는 한 달에 한 번, 마지막 주에는 새벽 4시까지 기도하게 되었다. 얼떨결에 시작된 일이다. 우리는 얼결이었지만 하나님은 우리의 결정을 기뻐하셨으리라 생각한다.

실제로 과거 한국 교회는 밤을 꼬박 새며 기도했다. 철야기도회와 새벽기도회가 연결되었다. 철야기도로 피곤해 교회 장의자에 누워 잠시 잠들어 있으면 새벽기도회 시작 종이 울린다. 그러면 새벽기도회까지 참여하고 집으로 돌아갔다. 말 그대로 진짜 철야였다. '전설 따라 삼천리' 같은 이야기가 되었지만 그런 시절이 있었다.

아련한 추억을 소환하다 보면 하나님과의 첫사랑과 같은 풋풋함이 밀려온다. 순수했고 뜨거웠다. 주님을 사랑했고 기도가 좋았다. 예배당의 딱딱한 의자에서 잠을 자는 일이 그렇게 행복했다. 그때는 갈 곳도 별로 없었고 딱히 재미있는 일도 없던 시절이다. 하나님을 찾는 것 외에는 달리 할 일이 없었다. 신앙이 희미해질 때마다 그때를 떠올린다. 기회만

닿으면 기도원으로 달려가 밤을 새워 산기도를 하고, 어린 나이에도 금식기도에 도전했던 추억 어린 경험이 아직도 나를 움직이는 원초적인 영성으로 남아 있다.

밤을 새워 기도하던 한국 교회의 영성 한가운데 금요철야 기도회가 있었다. 그때 밤샘을 하며 기도했던 영적인 경험들이 오늘 한국 교회를 떠받치는 영성의 기초가 되었다. 앞 세대의 헌신과 기도의 무릎이 있었기에 한국 교회가 그래도 이 모습을 유지하고 있는 것이라 생각한다. 따라서 금요철야기도회의 복원은 한국 교회 부흥의 복원이라 할 수 있다. 때로는 교회에서, 때로는 산과 기도원에서 밤을 새워 기도한 역사를 복원해야 한다.

처음 새벽 4시까지 기도하던 날이 아직도 생생하다. 왜 그렇게 밤이 긴지, 시간이 멈추어 선 것 같았다. 사실 계획할 때만 해도 얼마나 참여할까 싶었다. 이렇게 힘든 도시의 삶을 사는 성도들에게는 쉽지 않을 것이라고 생각했다. 그런데 너무도 많은 성도가 참여했다. 놀랐다. 아무도 강요하지 않았다. 밤을 새는 일이 강요로 될 일인가? 모두 자발적으로, 기쁨으로 동참했다. 그중에는 청년과 청소년도 있었다. 입시 전쟁으로 시달리며 시간 싸움하던 학생들이 새벽 4시까지 기도의 자리를 지켰다. 우리 시대에 이게 가능한 일인가? 불가능할 것만 같았던 일이 실제로 이루어졌다. 감동적이었다.

나는 새벽 4시에 예배당 출입구에 서서 기도를 마치고 나오는 성도들을 향해 아낌없이 박수를 쳐 주었다. 여러분이 한국 교회의 마지막 영적 보루라고 말해 주고 싶었다. 그들의 얼굴에는 어떤 영적 결기가 보였다. 서로의 상기된 얼굴을 바라보며 격려하고 격려받았다. 말은 하지 않았지만 다 같이 밤을 새워 기도했다는 자부심과 뿌듯함이 얼굴 전체에 드리워져 있었다. '우리가 밤을 새워 기도를 하다니' 하고 생각한 것 같았다. 성도들 스스로 놀라워했다. 이전에는 한 번도 본 적이 없는, 지금은 어디서도 보기 어려운 특별한 경험이었다.

모두가 잠든 밤, 깨어 기도하는 사람들이 있다는 것은 감사할 일이다. 무슨 기록을 세우기 위해, 혹은 자랑하기 위해 그 시간까지 기도한 것이 아니다. 우리 시대 정신에 대한 일종의 저항이다. 물질주의, 편의주의, 세속주의에 투항하지 않겠다는 신념이다. 흐르는 물결에 그냥 몸을 맡기지 않겠다는 것이다. 남들과는 다르게 살겠다는 것이다. 세속주의의 물결은 너무 거세다. 그렇다고 그대로 물러설 수 없다. 그래서 마지막 남은 그루터기와 같은 심정으로 밤을 지새웠다.

금요철야기도회를 하다 보면 피곤해 지쳐 조는 성도들도 있다. 그래도 좋다. 너무 아름다워 보인다. 밤을 새우며 함께 기도하는 현장에 동역자로 있다는 것 자체가 정말 기쁘다.

여러 해가 지났고, 4시 밤샘 기도회는 이제 우리 교회에 완전히 정착되었다. 심지어 다른 도시에 사는 분들이 철야기도를 참여하려고 오는 일들이 일어나고 있다. 이상한 일이다. 새벽 4시까지라면 기피할 것 같은데 아니다. 오히려 그래서 나오는 성도들이 있다. 게다가 성도들은 기도의 내구력이 생겼다. 처음에는 그토록 길어 흐르지 않는 것 같았던 새벽 시간이 짧아졌다. 성도들이 이구동성으로 "시간이 금방 지나갔다" "새벽 4시까지는 짧다" "피곤하지 않다" "너무 좋다"고 말한다. 기도는 엉덩이로 한다는 말이 맞다. 기도는 노동이지만 즐거운 노동이 되었다. 처음 밤을 새워 기도하자고 생각했을 때는 겁도 났다. 그러나 이제는 일상이 됐다. 기도에 맷집이 생겨났다. 밤샘 철야기도회를 경험한 성도들은 확실히 느낀다. 이제 기도하는 일이 내 몸에 붙는 느낌이다. 기도가 버겁지 않다. 한두 시간 앉아 기도하는 것은 이제 아무것도 아니다.

밤을 새워 기도해 본 사람만이 아는 비밀이 있다. 기도의 자리에서 미련할 정도로 시간을 밀어 넣어 본 사람만 아는 비밀이다. 말로 다 설명할 수 없다. 그런데 이 비밀을 가진 사람과 그렇지 않은 사람은 삶에 차이가 생긴다. 신자는 영적 비밀을 많이 가지고 있어야 한다. 무엇보다 기도를 통한 비밀을 가진다면 그것은 복 중 복이다.

10
기쁘고
즐거운 곳에
사람이 모인다

　　　　　오늘날 세상은 진정으로 기뻐하고 즐거워할
만한 곳이 없다. 어디든 가 보라. 기대하고 가는데 그렇고 그
렇다. 해 아래 새것이 없다. 우리는 알고 있다. 하나님이 약
속하신 것 외에 우리에게 진정한 만족은 없다. 무엇인가를
찾고 있지만 사람들은 갈증에 시달린다. 인간의 욕구를 채워
줄 만한 것이 세상에는 존재하지 않는다.

　한때 미국에 히피 문화가 시대를 풍미하던 때가 있었다.
히피들은 사회적 통념을 거부하고 자유를 외치면서 술, 마

약, 성 들에 중독된 채 자신들이 하고 싶은 대로 즐기며 살았다. 그런데 어느 순간부터 그들이 교회로 돌아오기 시작했다. 그때 척 스미스(Chuck Smith) 목사가 이끄는 '지저스 무브먼트'가 그들을 받아 주었다. 히피들은 놀다 지쳐 돌아온 탕자들이었다. 그들은 세상에서 아무리 놀아도 그곳에는 진정한 만족이 없다는 것을 깨달았다.

세상은 소위 '불금'이라고 한다. '불타는 금요일'이라는 뜻이다. 금요일 밤 세상은 화려하다. 죄의 열기로 뜨겁다. 값싼 것이지만 웃음꽃이 피어오른다. 죄를 짓는 밤은 즐겁고 웃음이 넘치고 신난다. 그러나 그 즐거움의 대가는 크다. 나중에 치러야 할 고통이 있다. 세상 유흥은 순간적 재미는 있지만 진정한 기쁨은 없다. 인간의 깊은 곳에는 영적인 갈증이 있다. 그래서 윤락가를 찾는 사람도 사실은 하나님을 찾는 것이라고 하지 않는가? 영혼의 갈증은 쉽게 채워지지 않는다.

교회는 어떤가? 안타깝게도 무겁고 침통한 교회들이 많다. 교회를 오가는데 웃음기가 없다. 얼굴은 왠지 비장해 보인다. 예배 분위기도 그렇게 행복해 보이지 않는다. 분위기는 싸늘하다. 교회가 이래서는 안 된다. 어둡고 침침한 곳에 사람들이 모일 리가 없다. 모여도 빨리 돌아가고 싶어진다.

교회는 행복해야 한다. 밝고 환해야 한다. 세상 어디보다도 더 그래야 한다. 세상은 바닥을 긁고 쥐어짜는 즐거움을 줄지 모르지만 우리는 다르다. 기뻐하고 즐거워할 이유가 분명히 있다. 복음이 우리에게 가져다준 선물은 기쁨이다. 그리스도는 나의 기쁨을 너희에게 충만히 주겠다고 약속하셨다(요 17:13). 하나님은 기쁨의 하나님이시다.

예수님의 첫 기적은 가나의 혼인집에서다. 예수님은 그곳에서 물을 포도주로 바꾸셨다. 기쁨이 상실되어 가던 유대교와 대조적인 사역을 하셨다. 그리스도는 기쁨을 회복시키시는 분이다. 예수님은 싸늘하게 식어 가던 당시 종교 지도자들과 거리를 두셨다. 그리스도를 모신 곳은 밝고 환하고 즐거워야 한다. 나도 행복하지 않은데 누구를 행복하게 해줄 수 있겠는가?

금요철야기도회는 세상을 능가하는 즐거움이 있어야 한다. 무엇인가 설레게 하는 것이 있어야 한다. 기대하고 오게 해야 한다. 금요철야기도회는 어둡고 침울한 곳과는 거리가 멀다. 우리교회 금요철야기도회는 밝다. 웃음이 넘친다. 성도들은 웃을 준비를 하고 있다. 내가 별 말을 하지 않아도 반응이 너무 좋다. 분위기가 이보다 더 좋을 수 없다. 잔칫집이라고 할 만하다. 명절 중 명절이라고 할 만하다.

금요철야기도회는 불금의 밤보다 더 화끈하고 즐겁다. 세상에 이보다 더 즐겁고 행복한 밤이 없다. 당연한 일이다. 은혜가 주는 기쁨은 질이 높다. 천박한 즐거움과 비교 금물이다. 사람들은 즐겁고 행복한 곳으로 모인다. 물론 비장하게 기도해야 할 때가 있다. 그러나 세상에서 가장 행복한 순간은 하나님과의 친밀한 시간을 보내는 때이다.

한국 교회 안에는 율법주의적인 요소가 많다. 강요와 무언의 압력이 곳곳에 있다. '하라' '하지 말라'가 많다. 주일성수와 십일조는 복음 안에서 자발적이어야 한다. 그런데 한국 교회는 의무적 수행을 요구했다. 봉사와 헌신도 마찬가지다. 한국 교회 성도들은 열심이다. 그런데 자발적 열심보다 강요의 부분이 많았다. 교회의 프로그램을 정착시킬 때도 성도들을 동원하는 분위기가 많았다. 그렇게 되면 처음에는 잘 되는 것 같지만 성도들은 수동적인 참여자가 된다. 갈수록 힘들어질 수밖에 없다.

무엇을 하든지 의무적으로 참여하게 하거나 강요하면 안된다. 율법적인 분위기를 만들어 기도회를 무겁게 만들지 않아야 한다. 직분자들은 꼭 참여해야 한다든가 하는 규칙을 만들면 교회는 죽어 간다. 죽어 가는 교회의 특징은 자유로움이 없다. 무슨 규정이 그렇게 많다. 의무적으로 해야 할 일이 많은 곳은 재미가 없다. 규칙을 정하면 힘들어지기 시작한다. 억지로 하는 것은 교회에서 할 일이 아니다. 성령은 우리를 자유하게 하신다. 진리는 우리를 자유하게 한다. 복음은 무언가에 묶여 고통당하는 영혼을 풀어 자유하게 한다.

금요철야기도회의 분위기가 중요하다. 성도들이 즐거이 나오는가? 금요철야기도회가 즐거워야 한다. 그곳에 기쁨이 넘쳐야 한다. 모인 사람들이 몇 사람이든 행복하면 된다. 행복하고 즐거운 곳에는 사람들이 모여든다. 기쁨이 있는가 없는가는 매우 중요하다.

우리 교회 성도들은 금요철야기도회에 나오는 것을 행복해한다. 누구도 강요하지 않는다. 강요할 이유가 없다. 그런데도 금요일 저녁만 되면 성도들은 삼삼오오 교회로 들어온다. 들어올 때 성도들의 얼굴은 밝다. 한 주간의 모든 스트레스를 날려 버릴 순간을 기대하는 눈치다. 실제로 그런 일이 벌어진다. 세상의 무거운 짐을 다 벗어 내고 우리의 영혼이 새 깃털처럼 가벼워져 춤추고 싶어진다. 금요일 직장에서, 때로는 가사 일로 피곤하지만 그럼에도 기쁨으로 달려 나올 곳이 있다는 것이 행복한 일이다. 우리의 모든 고민과 아픔을 하나님에게 마음껏 털어놓을 수 있다는 것은 금요철야기도회에서 누리는 자유다.

금요철야기도회는 중독이다. 한 번 맛을 본 사람은 그 맛에 중독된다. 진정으로 만족을 누릴 수 있는 곳은 금요철야기도회다. 여기에 나오면 행복에 전염된다. 그러니 나오지 말라고 해도 나오게 되어 있다. 영적 흡입력이 대단하다. 이런 분위기는 말로는 표현이 안 된다. 현장에서만 느낄 수 있는 분위기가 있다.

수영로교회의 금요철야기도회는 이미 탄력이 붙었다. 불길이 타올랐다. 그 불길은 꺼지지 않고 있다. 문제는 불길이다. 열기로 가득한 금요철야기도회가 되기까지가 어렵다. 그러나 어느 수준에 이르면 누구도 막을 길이 없다. 수영로교회의 금요철야기도회는 축제다. 즐겁고 행복하다. 세상 어디의 축제와도 비교할 수 없다.

11
철야기도회는
회복과 치유의
장이다

현대 사회는 점점 더 복잡해지고 있다. 현대 인들은 무너지고 깨어진 세상에서 살아간다. 병적 사회이고 역기능성을 안고 산다. 주변을 보라. 멀쩡한 가정이 별로 없 고 망가진 인생이 늘어나고 있다. 아주 가까이 있는 사람들 이 실제로 고통의 한가운데서 신음하는 소리를 듣게 될 것이 다. 고통은 멀리 있지 않다.

문명의 발달은 이전과 비교할 수 없을 정도의 편리함을 가 져다주었다. 그런데 정작 사람들은 이 문명을 마음 편히 누리지 못한다. 우울증은 현대의 유행병이 되었고, 공황장애, 불면증을 하소연하는 사람들도 많아졌다. 그뿐만 아니라 경계성인격장애, 주의력결핍장애, 각종 중독 증세들이 급증하고 있다. 이런 정신적인 질병은 쉽게 치유가 안 된다. 다루기 까다로운 병이다. 겉으로는 잘 안 보이지만, 한 번 걸리면 삶을 무섭게 무너뜨린다. 이제는 정신과 병원을 드나드는 것이 흉이 아니다. 어른뿐 아니라 청소년 가운데에서도 이런 질환이 발견된다는 것은 너무 안타까운 일이다.

철학자 한병철은 《피로사회》에서 현대 사회의 주된 질병을 신경증적이라고 했다. 지금 온 세계가 코로나19로 고통을 겪고 있지만, 미래 사회는 신경성 질환으로 더 많은 사람이 고통을 겪고 목숨을 빼앗길 가능성이 높다는 것이다. 실제로 지금 우리 사회에서 이와 같은 현상이 자주 목격된다. 코로나19 탓에 우울증 환자가 폭주하고 있다. 자살이 눈에 띄게 늘고 있다. 코로나19로 죽는 사람보다 이런 정신적 질병으로 죽는 사람이 더 많을 수도 있다고 이야기한다.

성도들도 예외는 아니다. 교회 안에도 많은 정신질환자들이 있다. 수영로교회에서는 상담센터를 운영하는데, 정신질환을 앓고 있는 가족 때문에 상담을 요청하는 성도들이 많아졌다. 사역자들이 밀려드는 내담자들을 다 감당하지 못할 정도다. 상담 사역이 많이 활성화되어 감사한 면이 있지만, 상담의 한계가 있다. 무엇보다 이전과 다른 점은 찾아오는 환자들의 심각성이다. 치료하기조차 힘들어진 중증 환자가 너무 많아졌다. 역기능적인 사회에서 불안과 두려움, 강박증세들에 시달리면서 정신질환을 호소하는 사람들이 점점 더 속출할 것이다. 앞으로는 전에 없던 새로운 증세들도 많아질 것이다. 코로나19 이후에 당장 밀려올 문제들이다.

더 이상 성도들의 정신적 연약함을 외면할 수 없다. 교회는 성도들이 건강하고 행복한 삶을 살도록 도와야 할 책임이 있다. 육체적인 질병보다 더 무서운 것이 정신적 질병이다. 정신질환은 삶의 질을 현저하게 떨어트리고 영적인 공격을 받게 한다. 정신적 문제와 영적인 문제는 분리되어 있지 않다. 우울증이나 자살의 문제도 교회가 직면한 현실적 문제다. 지금까지 이런 부분에 별다른 묘책을 강구하지 않았다면 교회로서 경각심을 가져야 한다. 교회 공동체는 세상을 치유할 수 있는 힘이 있다.

특히 금요철야기도회가 그렇다. 금요철야기도회만이 가지는 독특한 영적인 힘이 있다. 기도회에 들어서는 순간 강력한 영적 열기를 느낀다. 사람으로는 할 수 없는 일들이 일어난다. 금요철야기도회는 가장 강력한 치유의 시간이다. 말씀과 기도로 영적 파도가 깊어질 때 자연스럽게 치유와 회복의 역사가 일어난다. 그런 면에서 금요철야기도회는 치유의 기능이 있다.

지금이야말로 교회가 치유와 회복에 관심을 가져야 하는 때다. 치유 프로그램을 특별하게 운영하는 교회도 있을 것이다. 그러나 한시적으로만 하는 것은 이제 한계가 있다. 세상이 할 수 없는 영역의 일을 교회가 해야 한다.

현재 사회의 질병들은 중증이 많다. 현대인들이 안고 있는 문제는 깊고 중하다. 가볍게 터치하는 것으로는 안 된다. 의례적인 만남으로는 아무 일도 일어나지 않는다. 중증을 앓고 있는 사람은 가벼운 마사지 정도로는 회복이 안 된다. 암에 걸려 있는데 피로회복제 정도로는 기별도 안 간다. 말씀과 기도가 깊이 들어가야 한다.

금요철야기도회에서는 말씀과 기도로 깊이 들어가는 것이 가능하다. 수영로교회 금요철야기도회는 치유와 회복에 중점을 둔다. 그러다 보니 평소와는 다른 치유의 은혜가 넘친다. 금요철야기도회에서 문제가 해결되었다는 성도의 간중을 자주 듣는다. 상담 치료를 받던 성도가 금요철야기도회를 권유받고 참석했다가 회복되었다는 고백을 왕왕 듣는다. 그만큼 금요철야기도회는 영적 분위기가 잡혀 있다. 기도회의 처음부터 끝까지 강력한 영적 흐름이 있다. 그래서인지 많은 성도가 기도회에 들어오는 순간부터 설명할 수 없는 영적인 힘에 압도당한다고 고백한다. 분명히 기도의 열기가 있고 성령의 역사가 있다. 영적 생동감이 넘친다. 모든 문제를 불태워 없애는 화력이 느껴진다. 성령이 강하게 역사하시는 현장이다. 주일예배로는 한계가 있다. 금요철야기도회는 사람들의 영혼을 깊이 만지는 시간이다. 은혜를 사모하는 사람들이 함께 기도한다. 금요철야기도회만이 가진 영적인 분위기가 중요하다.

금요철야기도회 시간에 성령이 성도들의 연약한 내면을 깊이 만져 주시는 것을 본다. 치유 사역을 하려고 해서 하는 것이 아니다. 저절로 이루어지고 있다. 건강하지 않은 치유 사역이 한국 교회 안에 문제가 된 적이 많다. 그러나 금요철야기도회에는 자연스러운 치유가 일어난다. 치유를 위한 치유가 아니다. 전인적인 치유다. 깊은 예배가 있기에 가능한 일이다. 건강한 예배 안에서 자연스럽게 치유와 회복이 일어난다. 예배다운 예배는 하나님의 영광에 몰입하게 할 뿐 아니라 우리에게도 한없는 은혜가 임한다. 그곳에서 일어나는 일은 당연히 회복이다. 성령 안에서 말씀과 기도와 찬양이 깊어질 때 망가진 영혼들이 치유를 경험한다.

성령 공동체는 치유 공동체다. 무엇보다 믿음의 사람들이 마음을 모아 믿음으로 기도할 때 역사는 크다. 금요철야기도회는 그런 장이 되고도 남는다. 치유와 회복이 자연스럽게 이루어진다. 온 공동체가 함께 중보하며 기도할 때 하나님은 병든 육체와 영혼을 회복시켜 주신다. 금요철야기도회 시간에 기적들이 일어나 많은 성도가 간증을 한다. 우리의 예배와 기도회로도 충분히 하나님은 일하실 수 있다. 영혼을 만지는 깊은 찬양, 정직한 자기 고백의 기도, 강력한 말씀이 밀고 들어가면 무슨 일이 일어날지 아무도 모른다.

따라서 교회는 하나님이 충분히 역사하실 수 있는 시간과 공간을 만들어 놓아야 한다. 금요철야기도회는 하나님의 역사를 기대하는 열린 공간이다. 가끔 치유를 위한 집회를 여는 것보다 언제든지 나올 수 있는 장이 있다는 것은 축복이다. 수영로교회는 주변에 연약한 성도가 있으면 금요철야기도회에 참석하라고 권유하는 문화가 잡혀 있다. 문제 많은 세상, 매 순간 위기를 넘나드는 시대를 살아가는 성도들에게 금요철야기도회는 너무도 소중한 시간이다. 어쩌면 나오지 않으면 안 될 만큼 절실한 기도의 제목들을 현대 그리스도인들은 안고 있다. 이미 금요철야기도회의 맛을 본 성도들은 지금도 끊임없이 주변 사람들에게 추천한다. 정말 놀라운 역사들이 금요철야기도회에서 일어나고 있다.

지금 당신의 교회 안에서 치유가 일어나고 있는가? 교회는 치유의 공동체여야 한다. 세상은 포기했더라도 교회는 끝까지 고통 속에 신음하는 성도들에게 다가가 치유와 회복을 위해 함께 기도해야 한다. 치유를 위해 함께 기도하는 기도회에 언제든 참석할 수 있다는 것만큼 큰 축복은 없다. 세상에 무거운 짐을 진 사람들이 다 주께로 나오면 살 길이 열린다. 당연한 일이다. 주님이 치유자로 사셨기 때문이다.

12
금요철야기도회는
명절에도
쉬지 않는다

　　　　　　한국 교회 안에 피로감이 만연하다. 성도들
은 무엇을 하기도 전에 피로감을 느낀다. 이전에는 새로운
시도가 있으면 기대감을 가졌다. 교회 안에 영적 활기가 있
었다. 그러나 이제는 영적 권태기에 접어든 모습이다.

　사랑이 넘치던 부부도 어느 순간 권태기를 맞을 수 있다.
권태기에 접어들면 재미없다. 재미가 없으면 무엇을 해도 지
루하다. 재미가 없는데 사람들이 모일 리가 없다. 금새 파리
가 날린다. 사람은 즐겁고 행복한 곳에 모인다. 웃음꽃이 피

는 곳에 모인다. 지루하고 피곤한 데 모일 사람이 어디 있겠는가?

그래서인지 현대인들은 연휴만 되면 행복을 찾아서 떠난다. 여행을 가고 쉬고 먹고 즐긴다. 연휴를 보내는 이러한 흐름은 강력한 문화 현상으로 자리잡았다. 신자들도 예외는 아니다. 막을 수 없는 문화적 대세다. 앞으로 이런 흐름은 더 강해질 것으로 전망한다. 이런 환경 속에서 교회는 많은 영역에서 타격을 입을 것으로 보인다.

이전에는 사회 전체적으로 문화라 할 것이 없었다. 그때는 교회가 세상 문화보다 앞섰다. 시도 때도 없이 젊은이들이나 아이들이 교회로 몰려들었다. 교회에 오면 즐거웠다. 이제는 교회 바깥에 재미있는 것이 너무 많아졌다. 그런 문화적 환경 속에서 금요철야기도회는 애매하게 끼어 소멸의 기로에 서 있다. 생명력 없고 따분한 모임이나 집회는 멸종을 당할 수밖에 없다. 세상으로 발걸음하는 사람들을 금요철야기도회에 모이게 하는 것은 쉬운 일이 아니다. 그렇다고 불가능한 일도 아니다. 우리의 결단과 태도가 중요하다.

수영로교회 성도들은 명절에도 금요철야기도회로 모인다. 명절만 되면 우리는 "명절 중에 명절은 금요철야기도회!"

를 구호로 외친다. 단순히 구호만은 아니다. 실제로 금요철 야기도회는 명절 그 이상이다.

수영로 금요철야기도회의 특징은 연중 무휴다. 가끔 기도 회 날과 명절이 겹칠 때가 있다. 우리 교회 성도들은 명절이 나 공휴일이 다가올 때 금요철야기도회를 하느냐고 묻지 않 는다. 쉬지 않기 때문이다. 지금껏 쉰 적이 없고 앞으로도 쉴 생각이 없다. 놀라운 일 아닌가? 성도들도 명절이라고 금요 철야기도회를 쉰다거나 하는 생각은 하지 않는다.

우리는 금요철야기도회를 명절에 양보하지 않는다. 오히 려 명절과 기도회가 겹치면 더 뜨겁게 모인다. 명절이라도 고향으로 가지 않는 성도들이 있다. 부산이 고향이어서 돌 아온 성도들이 오랜만에 금요철야기도회에 참여하는 기쁨을 누리기도 한다. 그래서인지 우리 교회의 금요철야기도회는 명절에도 많은 성도가 참여한다. 명절 이상의 들뜸이 있다. 성도들의 분위기가 마치 명절에 고향 온 것 같다. 인도하는 나도 마찬가지다. 금요철야기도회는 매주 열리지만, 명절과 겹치면 그 시간이 특히 기다려진다. 성도들과 영적인 잔치를 하는 느낌이다.

중요한 것은 명절이라고 해서 기도회를 약식으로 진행하

지 않는다는 것이다. 명절이기 때문에 시간을 줄이거나 하지 않는다. 평소와 동일하게 진행한다. 금요철야기도회는 비가 오나 눈이 오나 쉬지 않는다. 수영로교회 금요철야기도회는 주님 오시는 날까지 계속될 것이다.

물론 명절이나 중요한 연휴 때 쉴 수도 있다. 그러나 그때 쉬지 않음으로 전달되는 메시지가 있다. 기도는 세상 무엇과도 바꿀 수 없을 만큼 귀중한 것임을 확고히 하는 것이다. 명절에도 금요철야기도회를 쉬지 않음으로 그 시간이 얼마나 귀중한지 확인한다. 그때 온 공동체가 비상한 영적 결의를 다진다. 어느 때보다 더 큰 은혜가 된다.

포철의 용광로는 한 시도 식히지 않는다고 한다. 한번 식으면 다시 뜨겁게 달구기까지 엄청난 에너지가 들기 때문이다. 그렇다. 금요철야기도회는 뜨겁게 달구어진 용광로와 같다. 식게 두어서는 안 된다. 교회의 열기를 지속하는 일이 중요하다. 마귀도 연중무휴다. 방학도 없고 명절도 없다. 오히려 우리가 쉬는 날 마귀는 활개를 친다.

그리스도인의 삶은 주일 중심으로 시간이 흐른다. 구약에 안식일이 중심이었던 것처럼 그리스도인에게 주일은 매우 중요한 시간의 기준점이다. 우리는 무슨 일이 있어도 먼저 주일을 거룩하게 지킨다. 주일 하나님에게 예배를 드림으로 한 주간을 시작한다. 2천 년 기독교 역사 가운데 이 날을 생명처럼 지켜 왔다. 어디를 가더라도 주일을 고려하고 움직였다. 신앙생활을 잘하는 사람들의 특징은 주일 중심이다. 주일은 형편에 따라 지킬 수도 있고 안 지킬 수도 있는 것이 아니다. 반드시 지켰다.

수영로교회 성도들은 한 가지를 더 추가했다. 주일예배 정도는 아니지만 금요철야기도회도 삶의 중요한 가치로 자리를 내주었다. 우리에게는 금요철야기도회 시간이 그만큼 귀중하다. 다른 어떤 것과도 양보하지 않겠다는 결의가 세워져 있다. 누가 강요해서 만들어진 것이 아니다. 그냥 저절로 그렇게 만들어진 일종의 문화가 되었다.

13
교회의 금요일 밤이
다시 뜨거워져야
한다

서울에서 KTX를 타고 와서 수영로교회 금
요철야기도회에 정기적으로 참여하는 분들이 있다. 아마도
철야기도회에 대한 향수는 있는데 마땅히 갈 곳이 없어 원정
참여하는 것 아닌가 싶다. 그들은 금요일에 철야기도회에 참
여하고 토요일 아침 해운대에서 아침을 먹고 귀경한다. 우리
는 이것을 '금요철야기도회 패키지 영적 투어'라고 부른다.
이미 오래전부터 소문이 나 있다. 어제 오늘 있었던 일은 아
니다.

그들은 왜 그 먼 곳에서 수영로교회를 찾아오는 것일까? 성도들은 은혜의 자리를 찾는다. 아무리 온라인 시대라지만 현장에서만 경험할 수 있는 은혜를 대신할 수는 없다. 이제는 공간적인 이동이 편해졌다. 세상이 좁아졌다. 은혜가 있으면 어디든지 간다. 대가를 지불하고서라도 참여한다. 거리가 문제가 아니다. 멀리 떨어진 다른 도시라도 은혜가 있다면 마다하지 않고 참여한다.

그러고 보면 오늘 우리 시대가 영적으로 건조한 때를 살고 있다. 성도들의 갈증이 심해졌다. 목이 마른 시대다. 많은 성도가 영적인 기갈을 경험하고 있다. 영적 기갈은 무섭다. 성도들에게 영적인 갈급함이 찾아오면, 이것은 그냥 지나치고 말 일이 아니다. 갈급이 심해지면 고통이 찾아온다. 삶이 흔들린다. 인간은 갈급함이 채워지지 않으면 공허하고 허전해진다. 성도는 은혜로 산다. 기갈 상태는 죽기 직전이다. 비상 상황이다. 채워지지 않으면 죽는다. 죽지 않으려고 하면 가만히 있을 수 없다. 영혼을 채울 곳을 찾고 또 찾는 것이다.

은혜를 받은 사람의 특징이 있다. 은혜가 있는 곳을 찾아간다는 것이다. 은혜를 경험한 성도들은 은혜를 받지 않으면 살 수가 없다. 은혜가 있으면 사람들에게 금방 소문이 난다.

입소문이 참 무섭다.

제주도에 잠시 휴식차 머물렀던 적이 있다. 그곳은 매우 외진 곳이었다. 집들도 많지 않은 그야말로 시골이었다. 가까운 빵집을 찾았는데 마침 근처에 있었다. 젊은이들 몇이 운영하는 조그마한 빵집이었다. 그런데 아침부터 여기저기에서 빵을 사러 온 사람들로 문전성시였다. 어떻게 알고 왔는지 시골길에서 마주한 진풍경이었다. 이제는 새로운 세대들이 일어나고 있다. 그들에게는 오라 가라 할 필요가 없다. 정보는 활짝 열려 있다. 공간이나 지역의 경계선이 무색해졌다. 모든 것에 공유의 개념이 도입된 지 오래다. 무엇이든 좋은 것이면 공유를 한다.

하나님 나라는 독점보다 공유의 개념이다. 폐쇄적인 공동체는 갈 곳이 없다. 활짝 열린 공동체여야 한다. 은혜도 나누어야 한다. 은혜가 넘치는 곳이 많을수록 좋다. 교회마다 공유할 만한 것들이 있다면 얼마나 좋겠는가? 움켜쥐고 있을 이유가 없다. 개방하고 흘러넘치게 하는 것이 좋다. 이제는 교회와 교회 간에도 벽을 허물어야 한다. 물론 조심스러운 부분이 없지 않다. 그러나 이 시대는 벽을 세운다고 세워지지 않는다. 온라인 시대다. 아무리 닫고 싶어도 안 된다.

금요철야기도회는 한국 교회를 살리는 기도 운동이 될 것을 믿고 기도하고 있다. 지금 얼마나 험악한 때인가? 은혜 받지 않고는 버틸 수가 없다. 믿음생활 하기가 힘든 때다. 수시로 위기의식을 느낀다. 세상의 압박은 전방위로 밀고 들어온다. 교회와 신자들은 세상에 포위당하고 있다. 언제까지 수세에 몰려 있을 것인가? 하나님은 지금도 바알에게 무릎을 꿇지 않은 칠천 명을 찾고 계신다.

그러나 내가 이스라엘 가운데에 칠천 명을 남기리니 다 바알에게 무릎을 꿇지 아니하고 다 바알에게 입맞추지 아니한 자니라 왕상 19:18.

어디에 무릎을 꿇을 것인가? 선택해야 한다. 유혹이 많은 시대에 모두가 세상 달콤한 유혹 앞으로 나가 무릎 꿇고 있다. 성도들은 매우 약해져 있다. 성도들도 살길을 찾고 있다. 어디를 가야 내 영혼이 살 수 있을지 방황하며 찾고 있다.

사는 길은 기도뿐이다. 도시마다 금요철야기도회로 뜨겁게 달구어진 곳이 많이 일어나기 원한다. 교회들마다 금요철야기도회의 문이 활짝 열리기를 간절히 바란다. 기도하는 교회들의 연대가 필요하다. 많은 교회 안에 금요철야기도회가 살아난다면 성도들이 갈 곳이 많아질 것이다. 금요철야기도회가 활성화되는 교회가 많을수록 영적 활기가 넘칠 것이다. 영적으로 뜨거운 분위기가 어디에서나 일어난다면 얼마나 좋겠는가? 성도들에게는 그만큼 기회가 많아진다. 가까운 곳에 은혜가 넘친다면 먼 곳까지 갈 이유가 없다. 모든 교회에 기도가 살고 영적으로 뜨거우면 한국 교회가 살아날 것이다.

영적 침체기가 오래 되었다. 성도들이 은혜에 목이 말라 헤매는 시대다. 은혜가 있는 곳을 찾고 또 찾는다. 금요철야기도회를 하는 교회가 희귀한 것이 아니라 하지 않는 교회가 희귀한 날이 오기를 갈망한다. 한국 교회의 금요일 밤이 다시 뜨거워지기를 바란다.

14

불금 문화에
다음 세대를
내어줄 수 없다

금요일 밤, 세상은 후끈하다. 죄의 밤은 뜨겁다. 한국은 밤 문화가 문제다. 낮보다 밤이 더 화려하다. 신자는 죄의 열기로 뜨거운 밤 문화와 싸워야 한다. 호주에 살 때 놀랐던 점은 오후가 되면 시민들은 일찍 집에 돌아간다는 것이었다. 한국과 같은 불야성은 구경할 수 없었다. 술을 먹으려고 하면 아예 환락가로 알려진 곳에 가야 가능하다. 그러나 일반인들은 그런 곳에 가지 않는다.

한국은 퇴폐문화가 너무 강하다. 여가는 물론 술과 향락을 즐기는 문화가 활성화되어 있다. 사람들은 금요일부터 시작해서 연휴를 즐긴다. 이런 형태는 앞으로 더 가속화될 것이다. 때로는 쉼도 필요하다. 그러나 그 안에 도사리는 유혹과 손잡을 순 없다. 자칫하면 세속 문화에 휩쓸려 갈 가능성이 크다.

문제는 이런 퇴폐 문화에 우리 자녀들이 노출되어 있다는 것이다. 다음 세대들은 정말 어려운 때를 살고 있다. 유혹이 너무 많다. 한순간이라도 무관심하면 어디로 튈지 알 수 없다. 청소년들이 불금에 모이는 곳은 강력하다. 끌어당기는 죄의 힘이 분명히 있다. 이러다가는 다음 세대를 세상에 빼앗길 위험성이 높다. 무조건 그런 곳에 가지 말라고 하는 것만으로는 안 된다. 세상이 죄의 밤으로 깊어져 갈 때 교회 안에 세상과는 전혀 다른 문화가 있어야 한다. 그냥 형식적인 기도회로는 불금 문화를 이길 수 없다. 영혼 없는 기도회로 청소년들을 끌어당기는 일은 불가능하다. 중립지대는 없다. 차든지 뜨겁든지 둘 중 하나다.

금요철야기도회에 오게 할 것인가, 세상 문화에 빠져들게 방치할 것인가? 다음 세대들을 기도의 자리로 나아오게 하는 것은 영적 전쟁이다. 금요일 저녁은 치열한 영적 전쟁이 벌어지는 시간이다. 금요철야기도회를 단순한 기도회로 생각하면 안 된다. 세상 문화와 싸워서 이겨야 하는 우리만의 비밀병기다. 우리의 화력이 세상보다 강력해야 한다. 소극적인 대응으로는 이길 수 없다. 강력한 영적 열기가 있어야 한다. 세상을 이기려면 세상을 잘 알아야 한다. 적을 알아야 백전백승이다. 세상 문화들이 얼마나 강력하게 청소년들과 청년 세대들을 흔들고 있는지 실체를 파악해야 한다.

금요철야기도회에는 젊은이들이 참여해야 한다. 그런데 그게 억지로 할 수 있는 일인가? 그럴 수 없다. 오고 싶은 곳이어야 한다. 그러려면 강력한 은혜가 임해야 한다. 젊은이들은 동기부여가 분명해야 움직인다. 갈 곳 없는 사람들이 모여 시간을 떼우는 방식으로는 유지할 수 없다. 세상 무엇과도 바꿀 수 없는 은혜의 파도가 쳐야 한다. 청년 세대가 나올 것인가, 말 것인가 하는 식의 가벼운 접근방법으로는 안 된다. 영적인 깊은 세계로 나아가야 한다. 그들에게 맞는 영적 터치가 있어야 한다. 세상 유혹을 다 떨치고 나올만한 금요철야기도회가 되어야 한다.

세상에 나가 보았자 결국은 허무로 끝맺을 수밖에 없다는 것을 우리는 안다. 다음 세대를 세상에 무기력하게 내줄 수 없다. 오늘날 교회는 다음 세대를 끌어당기는 영적인 환경을 만들어야 한다. 금요철야기도회는 깊은 만족을 준다. 말초적이고 감각적인 세상 안에서 영적인 즐거움을 누리는 경험을 우리가 먼저 해 보아야 한다. 불금과 비교할 수 없는 수준의 높은 만족을 누릴 수 있어야 한다. 감각적인 것에 익숙해진 세상에서 전혀 다른 깊고 풍성한 은혜의 파도를 경험해야 한다.

그럴 때 우리는 축제처럼 금요철야기도회를 맞이할 수 있다. 그 시간을 기대하며 기다릴 수 있다.

15
우리 교회에는
어금철이
있다

　　　　　금요일 저녁에 벌어지는 수영로교회만의 장
관이 또 하나 있다. 바로 어금철, 즉 '어린이 금요철야기도회'다.
　어른들이 금요철야기도회를 드리는 동안 한 주간의 학교
생활을 마친 아이들은 교육관에 따로 모여 특별한 시간을 갖
는다. 하나는 미취학부 금요철야기도회고, 하나는 취학부 금
요철야기도회다. 아이들은 부모 손을 잡고 교회에 와서 본당
으로 가는 부모와 헤어져 교육관으로 간다. 부모는 자녀가
교육관에서 은혜로운 시간을 보내고 있으니 염려할 일이 없

다. 마음 놓고 기도회에 참여할 수 있다. 아이들을 집에 두고 오면 신경이 쓰여 은혜를 받기 어렵다.

이 일을 위해 특별히 교사들의 헌신이 돋보인다. 자신도 금요철야기도회에 참석하고 싶을 텐데 그 마음을 접고 아이들과 함께 시간을 보내는 교사들이 있기에 이 모든 일이 가능하다. 이렇게 우리 교회는 어른들만이 아니라 아이들도 함께 금요철야기도회로 은혜를 받는다.

한국 교회 안에는 아이들을 제외하려고 하는 경향이 많다. 1세대와 다음 세대가 무엇인가 단절되어 있다. 한쪽은 뜨거운데 한쪽은 차갑다. 어른들의 열기가 아이들에게로 흘러가지 못한다. 따로 국밥이다. 부모들만의 신앙으로 집중된 한국 교회의 프로그램은 개선되어야 한다. 앞으로는 더욱더 그렇다. 가능한 부모와 자녀가 함께 은혜받는 시간을 만들어 주어야 한다. 자녀들을 제외하면 안 된다. 반드시 함께해야 한다. 아이들이 부모와 함께 손을 잡고 오는 풍경은 보기만 해도 행복하다.

아이들은 영적으로 감수성이 높다. 이때 아이들이 하는 특별한 영적 경험은 오래 기억에 남아 신앙의 기초를 닦아 줄 것이다. 감사하게도 어금철의 열기는 대단하다. 실제로 아이들이 은혜를 받고 변화를 경험한다. 어른들 이상으로 간증이 많다. 어떤 가정은 자녀가 워낙 열심이라 아이 때문에 부모까지 금요철야기도회에 나오기도 한다. 아이들을 무시하면 안 된다. 아이들과 어른들을 차별하면 안 된다. 아이들은 어른 이상의 기도 용사다. 어른들에게 좋은 것이라면 아이들도 참여시켜야 한다. 어른들은 은혜 받기 위해 교회에 가지만 집에 혼자 남은 아이들은 상처를 받는다. 부모가 교회 가는 것을 싫어한다. 나중에는 교회 자체를 싫어하게 된다.

주일날 짧은 시간으로는 할 수 없는 프로그램을 어린이 금요철야기도회 시간에 충분히 진행할 수 있다. 주일만으로 모든 것을 걸기에는 한계가 있다. 시간의 제약이 생긴다. 그러다 보니 형식적으로 끝낼 때가 얼마나 많은가? 어금철을 진행하면 이런 한계를 자연스럽게 극복할 수 있다. 아이들은 어금철을 기대하고 기다린다.

16

기도는
다음 세대에게 물려줄
신앙 유산이다

부모 세대가 자녀 세대에게 물려줄 신앙의 유산이 있는가? 한국 교회의 중요한 자산은 누가 뭐래도 기도의 영성이다. 그렇다면 금요철야기도회와 같은 시간은 좋은 유산이 되고도 남는다. 자녀가 기도를 배울 수 있다면 그것보다 더 좋은 선물은 없다. 부모를 의지하지 않고 하나님을 의지하는 법을 배운다면 최고의 유산을 받은 셈이다.

문제는 다음 세대들은 부모 세대와 함께하는 자리는 가급적 피하려고 한다는 것이다. 그들은 부모가 있는 곳이 부담스럽다. 사춘기가 오면 가장 극렬하게 부모와 함께하기를 거부한다. 일단 교회 문화는 주로 어른 중심이다. 집에서는 자녀들 중심으로 돌아가는데 정작 교회는 다음 세대를 뒤로 미뤄 둔다. 아이들은 금방 안다. 자신들이 어떤 대우를 받고 있는지 말이다.

어른들만 기도 열심히 하는 것으로 끝나면 안 된다. 다음 세대로 이어져야 한다. 그렇지 않으면 우리만의 리그가 되고 만다. 지금 한국 교회의 최대 관건은 우리 시대의 신앙이 다음 세대에 건강하게 전수될 것인가에 달려 있다. 여기에 모든 것을 걸어야 한다. 쉽지 않은 싸움인 것은 사실이다. 많은 난제가 우리 앞에 놓여 있다. 모든 교회가 끙끙 대고 있다. 마땅한 답이 나오지 않는 것처럼 보인다.

수영로교회도 이 부분에서 거대한 전쟁을 치르고 있다. 감사한 것은 우리 교회의 기도 영성이 자녀 세대, 다음 세대로 흐르고 있다는 점이다. 우리 교회는 청소년부 학생이 금요철 야기도회에 많이 참여하고 있다. 그뿐만 아니라 어린이 금요철야기도회가 열린다. 취학, 미취학 자녀들이 같은 시간에 교육관에서 함께 기도하는 것이다. 이렇게 모든 세대의 금요철야기도회로 자리잡았다.

다음 세대에게는 밤을 새워 가며 기도하는 성도들의 모습을 보는 것만으로 좋은 영적 경험이다. 기도에 대해서 한 번 현장에 있어 보는 것이 백 마디 듣는 것보다 더 좋은 교육이다. 현장에서 다가오는 감동은 훨씬 더 크다. 부모 세대가 기도로 삶의 어려움을 돌파하는 모습은 자녀들에게 교훈이 된다.

수영로교회 금요철야기도회의 이색 광경은 학생들이 교복을 입은 채로 참석하는 것이다. 장관 중에 장관이다. 그중에는 고3 수험생도 있다. 그들은 학원을 마치고 밤 늦은 시간에 교회로 달려온다. 옷을 갈아입을 겨를도 없다. 어떤 아이들은 간식 먹을 시간도 생략하고 말씀 시간을 놓치지 않으려고 헐레벌떡 예배당으로 들어온다. 한국의 입시전쟁 안에서 힘든 시간을 보내고 있는 그들이 기도의 자리에 나온다는 것만으로도 경이로운 일이다. 그런데 그들은 참석하는 것으로 끝내지 않는다. 말씀이 끝나고 나면 학생들이 줄줄이 앞자리로 나와 손을 들고 기도한다. 새벽 4시까지 하는 밤샘 금요철야기도회에도 그들은 여전히 앞자리를 고수한다. 나는 자랑하고 또 자랑한다. 우리 교회 청소년들은 특별하다고 만나는 사람마다 자랑을 늘어놓는다.

그들은 담당 교역자들이나 교사들이 나오라고 해서 형식

적으로 참석한 것이 아니다. 강요로 나온 것도 아니다. 청소년들은 강요를 싫어한다. 그들이 금요철야기도회에 나온 것은 누가 만들어 낸 작품이 아니다. 자연스럽게 만들어진 영적인 현상이고 자발적인 운동이다. 그들이 얼마나 진지하게 말씀을 받고 기도하는지 모른다. 수영로교회 청소년들 가운데 많은 아이들이 학교에서 기도장을 맡는다고 한다. 열악한 환경이고 방해들도 있지만 기죽지 않고 시간을 내어 기도회를 가진다고 한다. 아직 어리지만 그들에게는 전투력이 있다. 한두 학교에서 일어나는 일이 아니다.

오늘날 주일예배 출석도 잘 하지 않는 청소년들이 얼마나 많은가? 예배에 참여해도 핸드폰을 들여다보기 바쁘다. 한국 청소년들의 복음화율이 3퍼센트 대로 알려져 있다. 미전도 영역이다. 그런데 그런 청소년이 금요철야기도회에 참여하고 있다는 것은 놀라운 일 아닌가? 그들에게 박수쳐 주지 않는다면 누구에게 쳐 줄 것인가? 그들을 볼 때마다 눈물겹도록 감격스럽다. 나는 매주 금요일 밤마다 감동 또 감동을 한다. 그들을 한 명 한 명 업어 주고 싶을 정도다.

금요철야기도회에서 다음 세대는 VIP다. 말씀을 전하기 전에 우리는 그들에게 박수를 쳐 주는 시간을 갖는다. 청소년들을 격려하는 시간이다. 내 기억으로는 한 번도 빠트린 적이 없다. 중요한 것은 마음을 담아 전심으로 쳐 주어야 한 다는 것이다. 형식적으로 환대하는 척하는 것과 다르다. 나 는 진심을 담아 그들을 향해 박수를 친다. 우리 교회 성도들 도 아낌없이 박수쳐 준다. 박수쳐 주고 박수를 받으면서 우 리는 영적 교감을 나눈다. 박수로 공동체 전체의 마음을 전 하고 그들은 환대받고 있음을 느낀다. 우리 공동체 안에서 청소년이 얼마나 귀중한 존재들인가를 서로 확인하는 뜻깊 은 시간이다. 그들은 박수를 받을 만하다.

사람은 환대해 주는 곳으로 모인다. 교회마다 다음 세대를 귀중히 여긴다고 말한다. 그런데 실제는 아닌 경우가 많다. 그들은 진심을 안다. 담임목사의 마음과 성도들의 마음이 그 들에게 전달되어야 한다. 진심을 담아야 한다. 때로는 성도 들 가운데서 아이들을 위한 간식비를 후원하기도 한다. 말만 이 아니라 실제로 사랑을 보여 준다. 다음 세대는 어른들의 아낌없는 지지와 사랑을 먹고 자란다.

금요철야기도회에 나오는 다음 세대 청소년들에 대한 기 대가 있다. 그들은 미래 일꾼을 양성하는 모판이다. 금요철 야기도회에 나와 기도하는 청소년들을 볼 때마다 가슴이 뛴다. 기대가 된다. 이들이야말로 우리 시대에 구별된 나실인과 같다. 바벨론의 문화와 타협하지 않고 하나님의 백성의 고유한 정체성을 지켰던 다니엘과 같다. 금요철야기도회에 나오는 우리 아이들이야 말로 세상과 맞짱을 뜨고도 이길만한 영적 전사들이라 믿는다.

은혜를 받으면 인생의 목적이 분명해진다. 누가 뭐래도 그리스도인이라는 정체성이 확고해진다. 격이 다른 삶을 살 수 있다. 그들을 통해 앞으로 일어날 일들을 상상하고 꿈꾼다. 언젠가는 그들 가운데서 역사를 움직일 인물이 틀림없이 나오리라 믿는다. 세상을 흔들어 놓을 일꾼들이 금요철야기도회에 나오는 청소년들을 통해서 일어날 것을 믿는다.

사사기 시대에 하나님을 알지 못하는 다른 세대가 일어났다고 했다. 불길한 미래는 거기에서부터 시작되었다. 하나님을 잘 아는 세대를 일으켜야 한다. 그것이 우리의 사명이다. 금요철야기도회가 그 일에 귀하게 사용되고 있다는 사실이 놀랍다.

17
금요철야기도회는
청년들에게
영적인 보호막이다

수영로교회 금요철야기도회에는 중고생 못지않게 청년들의 열기도 뜨겁다. 젊은이들이 금요철야기도회에 많이 나온다는 것은 좋은 일이다. 그들이 잠을 이기고 기도의 자리에 나오는 것만 보아도 가슴이 뛴다.

사실 청년이야말로 금요철야기도회가 필요하다. 청년의 때에는 고민도 많고 기도 제목도 많다. 특히 지금을 사는 청년들은 어려운 때를 지나고 있다. 방황이 있고 갈등도 많다. 그럼에도 교회에서 청년 세대들이 현저히 사라졌다. 오늘날의 교회는 청년들에게 매력적이지 않다. 기성세대의 신앙 모습에 시험 들고 상처받았다. 결국 청년들은 교회를 빠져나갔다.

청년들을 다시 교회로 불러와야 한다. 쉽지 않다. 억지로되지 않는다. 청년들에게 오라고 한다고 그들이 오겠는가? 올 수 있는 환경, 왔을 때 편안한 환경을 만들어 주어야 한다. 나는 그들을 격려하는 일을 잊지 않는다. 오늘날 교회는 청년들을 환대하는 문화가 부족하다. 거의 기성세대 중심으로 돌아간다. 청년들을 모으려면 그들을 환대해 주어야 한다. 청년들이 주역이 되는 문화를 만들어 주어야 한다.

한번은 금요철야기도회를 마치고 청년들과 떡볶이를 먹으러 갔다. 새벽녘에 떡볶이 집에서 시끌벅적 한바탕 후속모임을 가졌다. 대형교회 담임목사로서 성도들과 가까이 만날 기회가 별로 없다. 청년들과는 더욱 거리가 멀게 느껴질 때가 많다. 가까이 할 기회가 별로 없다. 내가 그들을 얼마나 귀중하게 여기는지 보여 주고 싶었다. 그래서 깜짝 파티를 벌였다. 금요철야기도회 이후 청년 수백 명과 떡볶이, 어묵을 먹고 헤어지는 경험은 정말 뜻깊었다. 나도, 그들도 오래 기억에 남는 추억이 되었다. 기회만 된다면 언제든지 이런 시간을 갖고 싶다. 그들을 마음껏 격려하고 싶다.

나는 청년들과 함께하는 금요철야기도회가 참 행복하고 좋다. 사실 청년들과 호흡을 같이한다는 것은 쉬운 일이 아니다. 그래서 가능한 청년들에게 잘 보이려고 애쓴다. 오늘날 청년들이 교회에 나오기만 해도 귀한데 금요철야기도회까지 나온다니 업어 주어도 모자랄 일 아닌가? 청년의 때에 얼마나 유혹이 많은가? 가고 싶은 곳이 얼마나 많겠는가? 세상 유혹을 이기고 금요철야기도회에 참석한다는 것만으로도 흥분되는 일이다. 유혹이 많은 세상에서 승리하는 비결은 뜨겁게 은혜 받는 현장에 있는 것이다. 청년들이 참석하고 싶은 곳이어야 한다. 청년들의 문화를 이해하고 품는 섬세한 접근을 해야 한다.

기도로 함께 밤을 새다 보면 동지의식이 생긴다. 금요철야기도회라는 시간을 통해서 서로 영적 교감이 일어난다. 그들은 누구보다 더 영적인 갈급함을 느끼며 은혜를 사모하는 세대다. 청년들은 은혜 받지 않고는 살 수 없다. 금요철야기도회는 청년들에게 꼭 필요한 영적 무장의 시간이다. 너무도 귀중한 시간이다. 영적으로 무장하지 않으면 한순간에도 무너질 수 있다. 그들이 금요철야기도회에 나오지 않으면 어디로 가겠는가? 금요철야기도회는 청년들에게 영적인 보호막이다.

철야

청년들이 일반 성도들과 함께 섞여 은혜 받는 자리에 나온 다는 것 자체가 귀한 일이다. 오늘날 세대 간 갈등이 얼마나 깊은가? 교회 안에서도 세대 갈등이 있다. 그런데 금요철야 기도회를 통해서 세대와 세대가 함께하고 있다는 것은 건강 하다는 반증이다. 서로가 서로를 끌어안을 때 가능하다. 금 요철야기도회는 모든 것을 다 녹이는 역할을 하고 있다. 은 혜가 넘치면 모든 담을 허물고 하나가 된다.

오늘날 교회들은 청년들을 이끄는 흡인력이 없다. 1세대 와도 연결 고리가 없다. 청년들은 교회 안에서 공동체의식이 약하다. 무엇인가 교회 안에서도 분리되어 있는 듯한 느낌이 다. 그러나 그때 금요철야기도회는 모두를 하나로 묶는 역할 을 해 준다. 마치 용광로와 같다. 모두를 한 데 아울러 녹인 다. 어떤 세대든지 격차를 극복하고 함께 하나님 앞으로 나 아가는 장이 있다는 것은 축복이다.

오늘날 청년들에게 야성을 심어 주고 전투력을 가지게 하 는 일을 위해 금요철야기도회만큼 좋은 시간은 없다. 어쩌 면 금요철야기도회는 청년들을 위해 존재하고 있는지도 모 른다.

18

금요철야기도회는
일꾼들이 재충전하는
시간이다

     교회는 일꾼들이 은혜를 받아야 건강하게 돌아간다. 교회의 수준은 일꾼들의 영적 수준이다. 교회를 이끌어 가는 리더들이 계속 은혜를 받는 일은 중요하다. 그런데 현실은 그렇지 않는 경우가 많다. 할 일은 많은데 일하는 사람은 언제나 모자라다. 결국 일하는 사람만 일을 한다. 그러면 나중에 일꾼들이 지친다. 교회들마다 지친 일꾼들이 속출한다.

  사역은 많고, 안 할 수는 없고, 일꾼들은 지쳐 있다. 지치는 이유가 있다. 사역만 해서 그렇다. 사역은 사람을 지치게 한다. 지친 가운데 일을 하면 시험에 들기 쉽다. 일을 감당할 만한 보상이 없으면 회의에 빠진다. 회의에 빠지면 시험 직전이다. 교회 안을 보라. 희생자증후군에 빠진 일꾼이 한둘이 아니다. 의외로 많다. 안타까운 것은 그런 사람들이 방치되어 있다는 데 있다. 한때는 열심히 교회를 위해 헌신하다가 어느 순간 잠수함을 타고 어디론가 숨어 버린다.

지친 일꾼들은 일이 겁난다. 힘은 들고 마지못해 억지로 섬긴다. 이렇게 분주하고 지친 일꾼에게서는 기대할 것이 별로 없다. 좋은 열매를 맺기 어렵다. 목회자도 마찬가지다. 다른 사람의 영혼을 섬기는 목회자가 정작 은혜를 받지 못한다면 무엇을 기대할 것인가? 그것은 아찔한 일이다. 영혼 없는 영혼의 기술자가 된다. 영혼을 섬기기는 커녕 성도들의 영혼에 상처를 입히는 가해자가 된다. 일을 쳐내는 식으로 처리하기 바쁘다. 교회는 앞으로 나아가기보다 제자리에서 공회전을 한다. 지치는 순간부터 창의성 있는 사역을 기대하기 어렵다. 마침내 교회는 정체 상태에 빠지고 만다. 한국 교회는 지금 정체기를 지나 쇠퇴기에 접어들었다. 사역을 하지만 활력이 이전만 못 하다.

문제는 교회가 이렇게 지친 일꾼을 다시 일으켜 세워 주고 있는가다. 여유 에너지가 없으면 일을 하다가 넘어지고 만다. 여력을 만들어 주어야 한다. 일꾼들을 일으켜야 한다. 문제는 교회는 그런 현실을 타개할 묘수를 가지고 있지 않다. 아마도 너나없이 비슷할 것이다. 많은 교회의 안타까운 현실이다. 사역을 하다 보면 은혜를 받는 일이 마땅하지 않다. 생각보다 일꾼들이 은혜를 받을 장이 많지 않다. 다른 사람들은 은혜를 받는 시간에 오히려 봉사하는 일에 시간을 보내다 보면 바닥을 긁게 되어 있다. 교역자들도 역시 비슷한 처지다. 성도들을 섬기는 교역자들은 은혜의 사각지대에 놓여 있는 경우가 허다하다. 사역은 끝이 없고 사역자들은 항상 분주하다. 행사들은 얼마나 많은가? 꼬리에 꼬리를 물고 들어오는 사역에 일꾼들은 어디론가 도망치고 싶다.

안전장치가 필요하다. 일꾼들이 계속 은혜를 받아야 한다. 은혜를 정기적으로 받을 수 있는 장이 있어야 한다. 일꾼들에게 은혜 받을 수 있는 기회를 주어야 한다. 은혜의 공급이 없이 일하면 지칠 수밖에 없다. 인풋과 아웃풋의 균형이 있어야 한다. 은혜를 받아야 은혜를 흘려 보낼 수 있다. 나도 힘든데 누구를 도울 수 있겠는가? 아무리 힘들어도 은혜를 받으면 다시 일어난다.

수영로교회는 금요철야기도회가 그 역할을 하고 있다. 일꾼들이 와서 은혜를 받고 영적 재무장을 한다. 교역자들 역시 금요철야기도회 시간에는 안내를 하지 않아도 된다. 봉사할 일도 없다. 자칫하면 교역자들이 영적 사각지대에 있게 된다. 교역자들이 은혜를 받아야 한다. 금요철야기도회에는 모두가 기도회 안에 깊이 들어가도록 권유한다. 교역자들의 자리가 정해져 있지 않다. 자기가 앉고 싶은 곳에 앉으면 된다. 성도들 안으로 들어가 청중의 한 사람으로 참여하면 된다.

사역이 비움의 시간이라면 금요철야기도회는 채움의 시간이다. 금요철야기도회를 통해 충분히 영적으로 채워질 때 일꾼들은 다시 산다. 일꾼들은 누구보다 더 은혜를 사모하며 나아가야 한다. 자신의 영혼을 돌아보고 채우는 시간은 절대적으로 필요하다. 일주일 단위로 영적 충만을 경험한다는 것은 축복이다. 가끔 사역을 하다가 힘들어 사표를 내려고 하는 일꾼이 있으면 일단 금요철야기도회에 나오라고 권면한다. 그리고 기도하고 난 후에 결정하자고 한다. 그러면 대개는 반전이 일어난다. 그만두려고 결심을 하고 금요철야기도회에 나왔다가 다시 헌신을 다짐하는 일들이 일어난다. 금요 철야기도회는 일꾼들에게는 너무도 귀중한 시간이다.

힘들지 않은 사역은 없다. 문제는 힘든 것보다 은혜의 힘이 떨어지는 것이다. 계속 사역을 하라고 억지로 권면하는 것으로는 한계가 있다. 어느 교회든 마찬가지일 것이다. 영적 재충전이 있어야 한다. 일꾼들은 은혜의 힘을 안다. 그들이 금요철야기도회에 참여하면 된다. 기도로 힘을 얻지 못한 채 사역하면 일꾼이 아니라 일감이 된다. 일감은 일꾼의 짐이 되는 사람이다. 교회 안에 그런 사람이 늘어나면 위기가 찾아온다. 금요철야기도회는 결국 교회를 건강하게 일으키는 일에 중요한 역할을 한다.

우리 교회는 일꾼들이 은혜를 받는 장이 있는가? 중대한 질문이다. 일꾼들이야말로 은혜를 받아야 한다. 일을 하게 하는 것은 은혜의 힘이다. 다른 것으로는 격려나 위로가 안 된다. 연말에 양말이나 스카프 선물을 한다고 될 일이 아니다. 은혜만 받으면 성도들은 하지 말라고 해도 한다.

한국 교회 성도들은 교회를 너무도 사랑한다. 주의 교회를 위한 충성심은 세계 어디에서도 찾아볼 수 없다. 문제는 지속적인 섬김을 위해 지속적으로 은혜를 받아야 한다는 데 있다. 금요철야기도회는 일꾼들의 영적 재충전의 시간이다. 일꾼들이 모여 함께 울고 웃고 기도하면서 '그래, 다시 시작해야지!' 하고 결단한다. 일꾼들이 기도하면 산다. 기도하지 않는 일꾼은 기대할 것이 없다. 내 힘으로 얼마간 버티다가 끝난다. 일꾼들이 기도를 해야 한다. 일꾼들이 마음껏 기도할 장이 있어야 한다.

금철,
미룰 이유가
없다

19
기도의 밤이
있다는 것은
축복이다

주일예배를 드리다 보면 시간의 제약을 받는다. 주일은 늘 시간에 쫓긴다. 그것이 항상 아쉽다. 우리 교회는 주일에 여러 차례의 예배를 드린다. 예배와 예배 사이의 간격이 좁다. 앞 예배 마치는 시간이 늦어지면 주차에서부터 모든 곳에 혼란이 일어난다. 그러다 보니 여유롭게 예배를 진행할 수 없다.

시간의 제약을 받는 것은 성도들도 마찬가지다. 더 앉아 있고 싶어도 일어나야 한다. 더 기도하고 싶어도 할 수 없다.

주일예배처럼 일상적으로 드리는 예배는 중요하지만, 그것만으로는 아쉽다. 보슬비도 계속 맞으면 옷이 젖는다. 그러나 소나기도 필요하다. 주일예배가 보슬비라면 금요철야기도회는 소나기와 같은 시간이다.

금요철야기도회의 기도 시간은 기본이 세 시간이다. 적지 않은 시간이다. 찬양, 말씀, 개인 기도 시간을 포함하면 그 이상 되기도 한다. 물론 기도의 질이 중요하다. 그렇지만 시간적인 양도 중요하다. 기도하면서 은혜를 받는 데 시간의 한계에 갇힐 때가 많다. 금요철야기도회는 그 시간의 한계에서 벗어날 수 있다. 시간에 쫓기지 않고 부담 없이, 충분히 은혜를 누릴 수 있다. 요즘은 충분히 기도하고 찬양하고 말씀을 듣는 시간이 절실하다. 그런 의미에서 금요철야기도회는 은혜에 푹 젖게 할 만한 시간이 주어져 있다. 은혜를 받지 않기가 어렵다. 수박 겉핥기로, 건성으로, 가볍게 앉아 있다 가는 것과는 차원이 다르다. 지금은 그야말로 경박성의 시대다. 모든 것이 너무 가벼워졌다. 형식적이고 의례적인 것에 길들어 있다. 금요철야기도회는 그런 문화적 흐름에 저항한다.

일주일에 한 번은 마음껏 부르짖는 시간이 필요하다. 부르짖어야 산다. 요즘 사람들은 부르짖는 기도에 목이 마르다.

현대 사회를 살아가는 성도들의 삶은 힘들다. 그리스도인으로서 세상에서 살아가는 것은 만만한 일이 아니다. 무엇인가 가슴에 맺혀 있는 것이 있다. 답답함을 느낄 때가 많다. 밀려오는 문제가 한둘이 아니다. 사는 것이 전쟁이다. 삶의 압박감은 엄청나다. 감당이 안 되니 사람이 미친다. 왜 정신병에 걸리는가? 감당할 용량을 넘어서는 일들이 밀려오기 때문이다. 현대인들은 가만 보면 말은 안 하지만 끙끙 앓고 있다. 답답한 현실에서 돌파구를 찾아 내야 한다. 무엇보다 은혜의 돌파구를 찾아야 한다. 성도가 무엇으로 문제를 통과할 것인가? 힘으로도 안 되고 능으로도 안 된다. 그러면 어디에서 풀어 낼 것인가?

현대인들이 꽉 막힌 가슴을 풀어내기에 금요철야기도회만큼 적절한 시간은 없다. 금요철야기도회의 좋은 점은 마음껏 부르짖을 수 있다는 것이다. 통성으로 기도할 때는 옆 사람 눈치를 보지 않아도 된다. 누가 소리 지른다고 욕하지 않는다. 어디서 그렇게 부르짖겠는가? 괜한 곳에서 그러다가는 미친 사람 취급받는다. 그러나 금요철야기도회는 제약이 없다. 그렇게 소리를 지르라고 모인 곳이다. 소리를 지르며 기도하라고 합의한 시간이다. 금요철야기도회까지 와서 묵상

기도할 이유가 없다. 답답한 현실에서도 가슴으로만 삭이면 병이 된다. 왜 암환자들이 이렇게 많은가? 밀려오는 스트레스를 가슴으로 안고만 살다가 그렇게 된 것은 아닐까? 마음껏 부르짖어야 한다. 목이 쉴 정도로 부르짖다 보면 가슴에 맺힌 것이 뻥 뚫린다.

누가 우리의 원통함과 하소연을 들어 주겠는가? 나의 아픔을 한 시간이라도 마음을 다해 들어 줄 사람이 있는가? 아무도 없다. 가까운 친구라도 한두 번은 모르겠지만 계속하다가는 아마도 영영 관계가 끊어질지 모른다. 자기 문제도 해결 못 해 힘든데, 누가 누구의 고통에 그렇게 진지하게 귀를 기울여 주겠는가?

우리 부르짖음을 들어 주실 분은 하나님 한 분밖에 없다. 하나님은 그만하라고 하지 않으신다. 귀를 막으시는 분이 아니다. 오히려 하나님은 우리에게 부르짖으라고 하신다. 하나님은 여전한 모습으로 우리의 부르짖음을 듣고 또 들어 주신다.

금요철야기도회는 부르짖는 시간이다. 토해 내는 시간이다. 목이 쉬어도 괜찮다. 노래방에서 소리 지르다가 목이 쉰 것과 비교가 안 된다. 때로는 말도 안 되는 소리를 부르짖어도 괜찮다. 금요철야기도회는 원통함을 가지고 소리를 지르는 시간이다. 다른 사람 눈치 볼 것 없다. 이런 곳이, 이런 시간이 세상 어디에 있을까? 그런 면에서 금요철야기도회는 현대 사회를 살아가는 그리스도인들에게 꼭 필요한 시간이다.

물론 늘 소리를 지르라는 것은 아니다. 때로는 조용히 묵상하는 기도를 해야 할 때도 있다. 그러나 현대 사회의 특성으로 보아 특별한 부르짖음이 필요하다. 카타르시스적인 기능도 한다. 부르짖을 때 감정적인 순환이 일어난다. 금요철야기도회 시간, 밤이 깊어 가지만 끊임없이 부르짖으며 나아가는 모습은 장관이다. 하나님 앞에서 "나를 불쌍히 여겨 주십시오" 하고 부르짖고 또 부르짖을 때 하나님이 어찌 긍휼히 여겨 주시지 않겠는가? 부르짖음의 영성을 회복할 수 있는 곳이 금요철야기도회다.

금요철야기도회는 영적으로 들썩이는 밤이다. 가슴이 뛴다. 설렌다. 기대가 된다. 밤에 잠을 포기하고 기도를 선택한 성도라면 그 마음이 얼마나 단단하겠는가? 보통 일이 닥친 것이 아니다. 인생의 끝자락에서 나온 것이다. 부르짖을만한 기도 제목을 가슴에 품고 나왔다. 그러니 그냥 왔다 가게 하면 안 된다. 가슴에 맺힌 응어리가 터져 나와야 한다. 하나님과 뜨겁게 만나야 한다. 의례적이고 형식적인 기도로 시간을 채워서는 안 된다. 하나님 앞에서 솔직해져야 한다. 다른 사람 눈치 볼 틈이 없다. 금요철야기도회에 참여한 성도들은 너나없이 절실하다.

사회가 메마르고 혹독해질수록 금요철야기도회의 기능은 더 중요해질 것이다. 성도들이 마음껏 기도할 수 있는 분위기를 만들어야 한다. 기도하면 산다. 부르짖으면 회복이 일어난다. 금요철야기도회는 가볍게 기도하고 끝나는 시간이 되어서는 안 된다. 깊은 터치가 일어나야 한다. 은혜의 강도도 깊어져야 한다. 금요철야기도회가 아니면 어디에서 이런 깊은 은혜를 체험할 수 있겠는가? 경박해진 한국 교회 안에 금요철야기도회가 더 절실해진다. 마음껏 부르짖을 수 있는 기도의 밤이 있다는 것이 축복이다.

20
금요철야기도회는
영적 결을 만들어 내는
시간이다

나무에 결이 있듯이 공동체에도 저마다 결이 있다. 이 결은 곧 영적 분위기를 말한다. 결은 하루아침에 만들어지지 않는다. 함께 기도하고 은혜를 받는 경험이 축적될 때 교회의 중요한 영적 기류를 형성한다. 공동체가 함께 흘러가는 방향이 있다는 것은 좋은 일이다. 때로는 결이 없을 수도 있다. 결이 없는 공동체는 모호한 상태라 할 수 있다. 건강한 교회는 좋은 결이 형성되어 있다.

교회들마다 결, 즉 영적 분위기가 다르다. 그 분위기를 결정하는 것은 일꾼들, 공동체의 리더들이다. 리더들은 영향력을 가지고 있다. 그 영향력을 발휘할 때 같은 영적인 결을 가지고 있어야 한다. 그들이 함께 기도하고 은혜를 받을 때 결이 만들어진다. 같은 결을 가지려면 결을 만들어 가는 영적인 장이 있어야 한다. 일꾼들이 함께 은혜를 받는 시간이 있어야 한다. 우리 교회는 확실하게 금요철야기도회가 결을 만드는 시간이다.

수영로교회는 금요철야기도회에 특히 일꾼들이 많이 참여한다. 이 시간은 일꾼들이 영적인 힘을 모으는 시간이다. 교구나 다음 세대의 일꾼들이 함께 참여하는 문화가 형성되어 있다. 서로 함께 참여하기를 독려한다. 금요철야기도회 직전에 임원들이 모여 함께 기도하고 참여한다. 훈련 사역을 하는 훈련생들도 금요철야기도회에 나와 함께 기도한다. 청년 리더들 역시 금요철야기도회 전에 기도회를 열고 그 뒤에 연결해서 참여한다. 이렇게 금요철야기도회는 모든 모임의 중심부에 있다. 이런 분위기는 교회의 영적 기류를 형성하는 데 큰 역할을 한다. 매우 중요한 일이다. 금요철야기도회는 영적 결을 만들어 낸다.

영적 리더들이 함께 마음을 모으고 기도하는 시간을 갖는

것보다 더 귀중한 일은 없다. 교회의 일꾼들이 함께 은혜를
받고 같은 영적 경험을 나누는 사건이 필요하다. 일꾼들의
영적 경험은 공동체 안으로 흘러 들어간다. 성도들이 은혜
받는 것도 중요하지만 먼저 일꾼들이 은혜를 받아야 한다.
일꾼들이 함께 은혜를 나누다 보면 영이 통하는 경험을 하게
된다. 생각이 통하고 마음이 통하고 영이 통해야 한다. 같이
느끼고 경험하고 기도하는 시간을 가짐으로 공동체가 같은
곳을 향해 가고 있다는 것을 확인해야 한다. 우리 공동체는
어디를 향해 가고 있는지 흐름을 볼 수 있어야 한다.

회의로는 하나가 되기 어렵다. 회의를 많이 하면 머리만
아프다. 마음이 나뉘기 쉽다. 제도화되어 가는 교회의 특징
은 기도보다 회의를 많이 한다. 그러나 회의를 잘해서 부흥
한 교회가 있는가 보라. 회의보다 기도하는 시간을 통해 하
나 되는 것이 가장 좋다. 그런데 회의는 서너 시간도 거뜬히
진행하면서 기도회는 한 시간도 힘들어한다. 오늘날 교회가
회의를 하다가 마음이 나뉘고 갈등 속에 들어갈 때가 많다.
사소한 것들이 이슈가 되어 불필요한 데에 에너지를 낭비할
때가 얼마나 많은가? 병든 교회의 특징은 회의가 많고 회의
가 한번 열리면 길어진다. 저마다 자기의 주장이 강해진다.

문제가 있다. 기도가 짧아지면 회의는 길어진다. 기도를 많이 하면 회의는 짧아진다. 일꾼들이 기도하는 공동체는 건강할 수밖에 없다.

공동체 안에 영적 중심을 잡아 주는 기류가 없으면 난기류 현상이 일어난다. 그러면 교회는 혼란해진다. 하고 싶은 말이 있으면 하나님께 올려 놓으라. 교회에 문제가 발생했을 때 사람들이 풀 수 있다고 생각하는가? 그렇지 않다. 하나님보다 더 지혜롭게 푸실 수 있는 분은 없다. 하나님을 신뢰하면 기도하게 되고 기도하다 보면 말은 적어진다.

일꾼들이 기도하지 않으면 그 교회는 어디로 갈지 알 수 없다. 일꾼들이 금요철야기도회에 참여하는 우리 교회의 문화야말로 교회가 모든 것을 은혜롭게 대처해 가는 비결 중에 비결이 아닌가 생각한다. 금요철야기도회는 우리 교회의 영적 분위기를 형성하는 데 중요한 시간이다.

21

금요철야기도회는
전적으로
담임목사의 몫이다

수영로교회 금요철야기도회의 역사는 깊다. 원로이신 정필도 목사님이 시무하시던 초창기 때부터 생명을 걸고 지켜 오던 전통이다. 정 원로목사님은 외부에 집회를 다녀와도 금요철야기도회 강단을 반드시 지키셨다. 아무리 다른 일정들로 바빠도 금요철야기도회의 강단을 양보하지 않으셨다. 결코 쉬운 일이 아니다. 그럼에도 그렇게 하신 이유는 금요철야기도회는 교회의 많은 프로그램 중 하나가 아니었기 때문이다.

금요철야기도회는 많은 에너지를 소비하는 곳이다. 체력과 영력의 소모가 많은 사역이다. 그럼에도 수영로교회가 지금껏 이 기도회를 지킬 수 있었던 비결이 바로 여기에 있다. 변함없이 그 자리를 지켜 오신 정 원로목사님의 열정이 그 숨겨진 비밀이다.

금요철야기도회를 끝까지 성공적으로 이어 가려면 담임목사의 태도가 중요하다. 언제나 그렇다. 담임목사의 목회철학과 전략과 방법들은 교회 안에 나타나게 되어 있다. 무엇을 강조하는지, 어디에 힘을 싣는지 다 보인다. 담임목사가 관심을 가지지 않으면 어느 순간 잘 돌아가던 프로그램도 사라진다. 담임목사가 어느 세미나에 참여했다가 돌아오면 새로운 프로그램이 시작된다. 그러다가 또 다른 세미나에 참여하면 이전의 것은 접고 새로운 프로그램이 시작된다. 그런 일이 반복되면 나중에는 교인들도 이 수순을 눈치챘다.

새로운 것을 도입하는 자체는 좋다. 새로운 시도와 변화를 위한 노력은 긍정적으로 해석할 수 있다. 그러나 중요한 것은 늘 바뀐다는 것이다. 내 것이 없다는 뜻이다. 한국 교회를 보면 프로그램이 유행을 탄다. 이 말은 변화무쌍하다는 뜻이다. 언제 어떻게 변할지 알 수 없다는 것이다. 교회의 프로그램이 유행을 따르면 피곤해진다. 교회 성장의 방법으로 도입한 것들은 생명력이 길지 않다. 한때 잘 돌아가다가도 곧 사라지게 되어 있다. 소위 반짝 특수다. 그러나 목사의 목회 철학 안에서 시작된 것은 쉽게 사라지지 않는다.

철학이란 무엇인가? 누가 뭐래도 소신을 가지고 지속적으로 지켜 가고자 하는 정신이다. 이것은 하루아침에 만들어지는 것이 아니다. 목사의 심장에 새겨진 그 무엇이다. 목회자 자신의 삶에 깊이 내재된 것이다. 철학은 다른 것에 양보할 수 없다. 철학이 있는가 없는가의 차이는 크다. 작은 식당을 운영하더라도 주인장의 철학이 있는 곳은 다르다. 소비자들은 금방 안다. 몇 대에 걸쳐서 사람들의 발길이 끊이지 않는 곳을 가 보라. 그냥 돌아가는 것이 아니다. 상황과 상관없이 잘 되는 곳은 주인장에게 철학이 있다. 때로는 수입이 줄어도 사용하는 재료와 양념의 비법을 포기하지 않는다. 기도가 중요한가? 얼마나 중요한가? 목회에서 기도가 어느 정도의 위치에 놓여 있는가? 담임목사의 목회 철학에 기도가 우선순위에 있다면 숨길 수 없다. 상황에 따라 오락가락하지 않으려면 담임목사의 목회 철학이 깔려 있어야 한다.

금요철야기도회는 분명히 철학적 싸움이다. 금요철야기

도회는 유행이 될 수 없다. 기도는 유행을 타면 안 된다. 기도회가 프로그램이 되면 안 된다. 기도회는 교회의 본질적인 부분이다. 기도회는 교회의 핵심적 요소다. 다른 것은 몰라도 기도는 타협하면 안 된다. 해도 되고 안 해도 되는 것이 되면 안 된다. 그런데 그동안 한국 교회는 다른 프로그램을 도입하면서 기도회를 멀리했다. 기도회가 바깥으로 밀려났다. 다른 프로그램들에 치여 기도가 약화되었다. 말이 안 된다. 치명적인 실수다. 다시 복원해야 한다.

우리 교회 금요철야기도회에 탐방차 오는 분들을 보면 주로 부교역자들이나 기도를 담당하는 분들이다. 아마도 담임목사의 대행으로 방문한 것으로 보인다. 많은 질문을 하고 경청하고 메모하고 돌아간다. 금요철야기도회에 대한 열망이 느껴진다. 돌아가서 시도를 해 볼 것이다. 그러나 나중에 들리는 소식에 의하면 잘 안 되었다고 한다. 당연하다. 금요철야기도회는 부교역자들이나 평신도 지도자들의 노력과 수고만으로 될 일이 아니다.

금요철야기도회가 없어지는 교회들을 보면 부교역자들이 당번처럼 돌아가면서 인도를 하다가 나중에 서서히 힘을 잃어버리고 결국은 문을 닫는다. 부교역자가 인도를 해도 기도회는 얼마든지 뜨거울 수 있다. 그런데 부교역자들이 돌아가면서 인도를 하면 성도들도 돌아가면서 나오게 된다. 그런 기도회가 살아난다면 기적이다. 물에 푹 젖어 있는 이불에 성냥불을 아무리 그어 대도 불붙지 않는다. 붙는 듯하다가도 꺼진다. 연기만 나고 눈물만 난다. 한 공동체 안에 기도의 불꽃이 타오르는 일이 쉽겠는가? 간단하게 몇 가지 방법론의 도입만으로 이루어질 거라고 생각했다면 너무 감상적인 접근이다.

그렇다면 금요철야기도회 인도는 누가 해야 하는가? 전적으로 담임목사의 몫이다. 금요철야기도회는 담임목사가 인도해야 한다. 담임목사의 희생이 있어야 한다. 이보다 더 중요한 것은 없다. 교회 공동체 전체가 한 방향으로 나가려면 금요철야기도회에 대한 담임목사의 결연한 의지가 필요하다. 담임목사의 마음 중심에 금요철야기도회가 있는가? 다른 많은 사역 중에 또 하나로만 보고 있다면 금요철야기도회는 이미 밀려나 있다고 보는 것이 맞다.

성도들이 금요철야기도회에 우선순위를 두지 않는 것 같은가? 담임목사가 우선순위를 두지 않아서 그렇다. 성도들은 안다. 담임목사가 무엇을 중요하게 여기고 목회하는지, 무엇을 얼마나 강조하는지 모를 리가 없다. 담임목사가 노래를 불러야 한다. 금요철야기도회는 담임목사의 18번이 되어야 한다. 강조하는 만큼 성도들은 따라온다. 그냥 되는 법은 없다. 말로만은 안 된다. 무엇인가를 지키려면 대가를 지급해야 한다. 행동으로 보여야 한다. 담임목사가 출석해야 한다. 금요철야기도회의 시작과 끝을 담임목사가 함께해야 한다. 대리인을 세워서는 안 된다. 담임목사가 전면에 나서야 한다.

금요철야기도회는 현장 한가운데서 담임목사가 몸을 사리지 않고 이끌 때 승산이 있다. 만약 그러지 않는다면 금요철야기도회가 교회 전체적인 기도회로 나아가기 어렵다. 모든 것을 걸어야 한다. 담임목사에게 너무 많은 부담과 책임을 떠넘기는 것 같아 미안한 마음이 들긴 하지만 어쩔 수 없다. 교회는 담임목사가 가는 곳까지만 간다는 사실을 놓치면 안 된다.

한국 교회는 기도의 불씨가 가물가물하고 있다. 불이 꺼진 곳도 꽤 있어 보인다. 현 시점에 한국 교회에서 새로운 사역이 이륙하기 어렵다는 것을 안다. 특히 하향곡선을 긋기 시작한 이후에 다시 상향곡선을 그리고 올라가는 일은 쉽지 않다. 하나님의 특별한 은혜가 필요하고 우리의 특별한 노력이 있어야 한다. 그러나 분명한 것은 불가능한 일이 아니다. 불씨가 남아 있고 마른 장작이면 괜찮은 환경이다. 조금만 노력하면 될 수 있다. 얼마든지 가능하다는 믿음을 가져야 한다. 무엇보다 담임목사의 믿음과 용기가 필요하다.

기도 목회는 신본주의 목회다. 기도를 강조한다는 것은 인간적인 노력보다 하나님의 주권을 인정하고 있다는 뜻이다. 인본주의냐 신본주의냐는 목회를 가르는 중요한 기준이다. 기도에 승부를 거는 사람은 다르다. 목회 전반에 하나님에 대한 절대적인 신뢰가 있다. 신본주의적인 목회라고 말하는 것만으로 부족하다. 기도가 목회에 중심부에 놓여 있지 않으면 신본주의라고 할 수 없다. 우리의 능력과 열심이 앞서면 안 된다. 기도가 가장 앞에 서 있어야 한다. 기도보다 행동이 먼저 가면 실패한다. 사역을 하기 전에 기도가 먼저 가야 한다. 아무리 급해도 기도가 우선이다. 일은 충분히 기도하고 나서 해도 늦지 않다.

담임목사는 무거운 책임을 진 사람이다. 해야 할 일은 끊임없이 밀려온다. 그럼에도 기도의 현장, 기도의 열기를 위해 직접 나서서 몸을 던진다면 하나님이 긍휼히 여기시리라 믿는다.

22

강력한
말씀 선포가
기도의 화살을 쏘아 올린다

말씀과 기도는 교회의 본질이다. 어떤 경우에도 말씀과 기도는 뒷전으로 밀리면 안 된다. 초대교회 사도들이 붙들었던 것도 말씀과 기도다. 교회의 역사를 통해 검증된 진리다.

우리는 오로지 기도하는 일과 말씀 사역에 힘쓰리라 하니 행 6:4.

중요한 것은 말씀과 기도의 두 축, 이 둘의 앙상블이다. 교회의 균형은 말씀과 기도다. 말씀과 기도는 함께 가야 한다. 둘 중 하나라도 소홀히 다뤄서는 안 된다. 분리되면 안 된다. 하나만으로는 안 된다. 한쪽만 강조되면 문제가 생긴다. 말씀과 기도가 함께 갈 때 강력해진다. 역사가 아무리 흘러도 말씀과 기도라는 재래식을 붙들어야 한다.

어떤 교회는 말씀이 강하다. 그런데 기도는 약하다. 그러면 균형이 깨진 상태다. 기도가 빠진 말씀은 결국 힘을 잃는다. 반대로 어떤 교회는 기도가 강하다. 그런데 말씀이 약하다. 그러면 언젠가 기도도 약해진다. 당연한 수순이다. 말씀과 기도의 균형이 깨지면 오래 유지할 수 없다. 한쪽으로 기울어지면 건강에 문제가 생긴다.

말씀과 기도의 균형을 확인해야 한다. 엄밀히 말해서, 말씀이 강한데 기도가 약할 수 있는가? 그럴 수 없다. 반대도 마찬가지다. 기도가 강한데 말씀이 약할 수 없다. 말씀이 강하면 기도가 강해지고, 기도가 강하면 말씀도 강해지는 것이 맞다. 말씀과 기도의 유기적인 관계성 때문이다.

말씀과 기도가 서로 만나면 시너지가 일어난다. 굳이 우선순위를 정하라면 기도보다 말씀 선포가 먼저다. 매우 중요한 대목이다. 어떤 목사는 금요철야기도회를 준비하면서 기도만 열심히 하면 된다고 생각한다. 그 생각은 틀렸다. 기도를 뜨겁게 해야 하기 때문에 말씀 선포가 중요하다. 뜨거운 금요철야기도회를 위한 숨겨진 비밀 중 하나다.

말씀은 기도의 문을 연다. 기도하게 일으키는 것이 말씀이다. 기도의 화살을 쏘아 올리는 힘은 강력한 말씀 선포다. 말씀의 화력이 기도의 화력이다. 말씀은 기도의 불을 일으키는 장작과 같다. 장작이 없으면 불은 금방 꺼져 버린다. 마찬가지로 말씀에 힘이 없으면 기도에 탄력이 일어나지 않고 시들해진다. 반대로 말씀에 불이 붙으면 기도의 불은 저절로 붙는다. 그리고 이 불을 계속 유지시킨다. 말씀으로 가슴에 불을 붙여야 한다. 철야기도회에는 말씀의 불방망이가 필요하다. 말씀이 기도의 불 쏘시개가 되면 달리 할 일이 없다. 말씀이 기도의 세계를 이끌어 간다. 말씀을 듣고 기도할 때가 가장 영적으로 건강한 상태다. 말씀과 기도의 상관관계는 아무리 강조해도 부족하다.

또한 말씀은 기도의 중심을 잡아 준다. 참된 말씀은 기도의 방향과 초점을 잃어버리지 않게 한다. 성도들은 말씀을 듣는 가운데 무엇을 위해 기도해야 하는지 분명히 깨닫는다. 말씀이 기도의 방향을 이끄는 것이다. 언제 기도가 가장 뜨

겁게 불붙는가 보라. 말씀이 강력하게 임했을 때다. 말씀의
은혜를 받았을 때다. 말씀으로 은혜를 받아야 무엇을 기도해
야 할지가 분명해진다. 그냥 기도하라고 하면 막막하다. 아
직 가슴이 데워지지 않았는데 기도가 뜨거워질 리가 없다.
기도를 하긴 하는데 왠지 힘이 없을 때가 있다. 그러나 말씀
을 통해 가슴이 데워지면 기도는 저절로 뜨거워진다. 말씀의
힘이 기도를 이끌어 낸다.

수영로교회는 금요철야기도회 말씀을 중요하게 여긴다.
말씀 준비에 큰 비중을 두고 한 시간 동안 말씀을 전한다. 짧
지 않은 시간이다. 주일보다 훨씬 긴 설교다. 밤 늦은 시간에
1시간 설교를 한다는 것은 쉽지 않다. 많은 경우에는 밤도 깊
었고 기도회로 모였으니까 말씀은 간단히 하려고 한다. 어떻
게 보면 그게 맞을 것 같다. 그러나 그렇지 않다. 결코 그렇지
않다. 말씀을 대충 전하면 안 된다. 기도회의 중심에는 말씀
이 있어야 한다. 말씀을 어느 때보다 더 강력하게 전해야 한
다. 주일은 시간에 쫓긴다. 그러나 금요철야기도회는 시간에
쫓길 일이 없다. 철야기도회에 나온 성도들은 이미 은혜를
받을 준비가 되어 있다. 성도들은 설교 한 시간이 길지 않다
고 느낀다. 오히려 짧다면서 좀 더 길게 하기를 원하는 성도

들이 있을 정도다.

말씀으로 은혜를 받고 난 후에 기도 시간이 결정적인 순간이다. 금요철야기도회의 하이라이트다. 기도 시간은 말씀의 성육신의 시간이다. 말씀의 성육신은 기도를 통해서 이루어진다. 주일은 말씀을 듣고 소화도 하기 전에 예배를 마치고 돌아간다. 돌아가는 동안에 말씀을 다 잊어버리는 일이 다반사다. 말씀을 붙들고 은혜를 받았다면 그 말씀을 가지고 기도의 자리로 나아가야 한다. 말씀을 체화하는 시간이 반드시 있어야 한다. 받은 말씀을 가지고 하나님 앞으로 나아가는 이 시간이야말로 말씀이 더 깊이 가슴에 새겨지는 순간이다. 말씀을 가지고 기도를 하다 보면 은혜가 더 깊어진다. 그리고 말씀대로 살고자 하는 결단들이 생긴다.

기도의 밤이 깊어져 간다. 말씀이 더 강력하게 은혜의 파도를 일으키며 다가온다. 너무 행복한 시간이다. 말씀과 기도의 앙상블이 너무도 아름답다. 말씀과 기도의 불이 붙으면 당할 자가 없다. 무적이 된다. 균형 잡힌 신앙은 힘이 있다. 말씀과 기도 중 하나라도 소홀히 여기면 안 된다. 말씀을 소홀히 하면 기도는 힘을 잃는다. 금요철야기도회의 말씀에 심혈을 기울여야 한다. 철야기도회는 기도의 밤이지만 동시에 말씀의 밤이다. 기도보다 말씀이 앞에 있다. 먼저 말씀이 들려야 한다. 말씀이 앞에 서면 기도는 뒤따라온다. 기도회라고 기도만 한다고 생각하면 안 된다. 말씀은 간단하게 하고 기도만 하려고 하지 말라. 말씀의 불이 우리의 기도에 불을 붙여 하늘로 올라간다.

23

설교에는
특별한 것이
있어야 한다

설교에 있어 중요한 것은 대상이다. 대상을 파악하지 않으면 설교는 허공을 친다. 금요철야기도회에 나오는 성도들을 분석해야 한다. 금요일 저녁 피곤한 몸을 이끌고 나오는 성도들의 마음을 이해해야 한다.

어느 성도든 마찬가지겠지만, 특히 금요철야기도회에 나오는 성도에게는 특별한 것이 있다. 왜 밤에 잠을 안 자면서까지 기도회 자리에 나왔겠는가? 풀리지 않는 답답한 문제가 있는 것이다. 숨 막히는 고통이 불청객처럼 찾아온 것이다. 금요철야기도회에 나오는 성도들은 저마다 다양한 문제를 안고 예배당 문을 두드린다. 그냥 나오지 않았다. 말 못할 사연들을 안고 나왔다. 간절하게 부르짖어야 할 기도 제목을 갖고 있다. 벼랑 끝에 선 듯한 상황에 걸음은 무겁다. 오늘 기도 응답을 받지 못하면 한 치 앞도 알 수 없는 상황이다. 가정의 위기, 재정의 위기, 건강의 위기, 직장에서의 위기 등 그들이 만난 고난의 목록이 한두 가지가 아니다. 고통하는 사람이 한둘 아니다.

그런 면에서 금요철야기도회의 현장은 치열한 전쟁이 벌어지는 곳이다. 나는 강단에 설 때마다 비장해진다. 긴장감이 돈다. 그곳에 모인 성도들의 상태 혹은 상황에 위급성이 있기 때문이다. 살려 달라고 애원하는 심정으로 나온 성도가 많기 때문이다. 문제 많은 세상에서 문제를 한 아름 안고 금요철야기도회에 나아왔으니 절대 가볍지 않은 시간이다. 즐겁고 행복한 시간만은 아니다. 아파하고 절규하는 성도들을 생각하면 단에 그냥 올라갔다 내려올 수 없다. 금요철야기도회에 나온 성도들이 처한 상황을 알면 설교나 기도를 적당히 하고 넘어갈 수 없다. 설교로 한 사람을 살릴 수도 있고 절망의 나락에 계속 떨어지게 할 수도 있다. 물론 그들의 문제를 설교자가 책임질 수는 없다. 그렇지만 목자로서 양들의 삶에 대한 아픔이 전이되어 오면서 어떻게 해서라도 살리고 싶은 마음이 간절해진다.

잠도 자지 않고 나온 성도들을 그냥 돌아가게 해서는 안 된다. 어쩌면 오늘이 마지막이 될지도 모른다. 설교자는 그들의 아픔과 절망에 감정이입할 수 있어야 한다. 성도들을 가슴으로 안고 설교를 통해서 긍휼의 마음이 흘러나와야 한다. 올 때는 빈손으로 왔지만 돌아갈 때는 빈손으로 가지 않아야 한다. 올 때는 무거운 발걸음으로 왔지만 돌아갈 때는 영혼이 깃털처럼 가벼워야 한다. 그런 면에서 금요철야기도회 설교는 너무도 귀중하다. 설교의 초점이 중요하다. 초점이 맞추어지지 않은 설교는 산탄총과 같다. 과녁이 분명하지 않으면 화살은 허공에서 길을 잃는다.

설교는 너무 현학적이서는 안 된다. 교리적인 설교도 심야에 어울리지 않는다. 너무 딱딱한 설교도 어렵다. 하루 일과를 마친 심야에 얼마나 잠이 오겠는가? 그런 때 딱딱하게 설교하면 모두를 잠들게 할 수 있다. 부정적인 내용도 좋지 않다. 절망하고 온 사람에게 더 절망감을 심어 주면 안 된다. 영적 돌파구를 찾게 해 주어야 한다. 나는 금요철야기도회의 설교를 통해 성도들의 믿음을 북돋워 주고자 한다. 믿음의 강화 작업이다. 금요철야기도회는 믿음이 다시 활성화되는 시간이다. 믿음은 저절로 강화되는 것이 아니다. 기도를 해야 한다.

현실에서 성도들은 자기도 모르게 믿음이 약해질 때가 많다. 성도들은 매일이 위기다. 그대로 두면 세상 속으로 빨려들어간다. 믿음이 전혀 작동하지 않은 채 산다. 그런 성도들의 어깨는 많이 쳐져 있다. 영적 무기력증을 호소한다. 자신감을 잃어버리기 쉽다. 믿음의 날개를 펼 엄두를 못 낸다. 오늘날 그런 신자들이 늘어 가고 있다. 영적 무기력증과 영적 패배주의자들이 너무 많다. 교회가 그냥 바라만 보고 있을 수 없다. 일으켜야 한다. 그것이 금요철야기도회고, 그 한가운데는 강력한 메시지의 선포가 있어야 한다.

특히 믿음을 증진시키는 설교여야 한다. 지쳐 있던 영혼이 힘을 얻고 벌떡 일어나게 하는 설교여야 한다. 설교를 듣고 주눅이 들고 힘이 더 빠지면 누가 나오겠는가? 아픔을 보듬어 주는 설교를 해야 한다. 실패와 상실로 아파하는 성도들이 많다. 말씀을 들을 때 격려와 용기를 얻을 수 있어야 한다. 설교를 통해 절망하고 낙심해 있는 성도들이 다시 일어설 힘을 얻어야 한다. 아무리 모든 것이 무너지고 망가졌어도 다시 시작하는 동기부여가 되어야 한다. 무엇보다 말씀을 통하여 기도의 불을 붙이는 일이 중요하다. 설교를 듣고 난 다음 성도들이 구체적으로 기도할 것을 붙들 수 있어야 한다. 정확히 무엇을 놓고 기도할 것인지 도전해야 한다. 말씀이 모호하면 기도에 불이 안 붙는다.

메시지의 중심에는 소망이 흘러야 한다. 복음은 소망 중에 소망이 된다. 성경을 보면 그렇다. 가장 절망적인 상황 속에서도 소망이 드러난다. 소선지서와 같이 매서운 심판의 메시지 가운데서도 마지막은 소망으로 끝을 맺는다. 하나님은 우리에게 소망이 되신다. 절망적인 상황에서 끝이라고 결론을 내리려고 하는 성도들이 많다. 금요철야예배에 나올 때는 그런 심정이다. 모든 것이 끝인 것 같은 상황에 빠져 있다가 설교를 듣는 중에 소망의 빛을 보아야 한다. 온 세상이 캄캄하고 먹구름으로 덮혀 있어도 한줄기 빛이 새어 나오는 것을 볼 수 있어야 한다. 절망에서 시작하여 소망으로 결론을 맺어야 한다. 다시 일으키는 희망의 메시지가 금요철야기도회 때 전해져야 한다. 일상을 살아가면서 의기소침해지고 움츠러든 성도들이 많다. 말씀을 들을 때 그들의 가슴을 활짝 펴 주어야 한다. 말씀이 들리면 소망이 생긴다. 회복이 일어난다.

그렇다고 설교가 청중의 필요에만 맞추어야 하는 것은 아니다. 또 다른 설교의 강조점은 사명 회복이다. 금요철야기도회는 사명으로 다시 일어나야 하는 곳이다. 늦은 밤 기도하기 위해 교회에 나오는 정도라면 사명자들이다. 혼자만의 신앙으로 만족할 수 없는 사명자들이 금요철야기도회에 참여한다. 살다 보면 사명이 희미해진다. 자신만의 신앙으로 만족하며 세월을 보낼 수 있다. 금요철야기도회는 그런 사람이 다시 사명으로 일어나는 곳이 되어야 한다. 개인의 문제에만 매달려 기도하다가 돌아가면 안 된다. 하나님 나라를 구하는 기도를 하고 열방을 품고 기도해야 한다. 나의 신앙을 넘어 영혼구원과 교회를 위한 기도로 나아가야 한다.

그러려면 영적 무기력증을 깨우고 영적 나태에 대한 회개를 촉구해야 한다. 나약해진 신앙을 재무장하는 메시지여야 한다. 때로는 정신이 번쩍 들게 하는 말씀으로 성도들을 도전해야 한다. 지금 우리는 마지막 때를 살고 있다. 세상에 취해서 헤롱거리면 안 된다. 사라지고 말 것들에 우리 삶을 바치면 안 된다. 금요철야기도회의 메시지는 교회적으로, 시대적으로 소명을 확인하고 주를 위해 헌신자로 살아가도록 하는 것에 초점을 맞추어야 한다.

24

새벽기도와
철야기도의 앙상블이
최고다

새벽은 묵상하기에 적합한 시간이다. 차분하게 말씀을 내재화하기 좋다. 성도에게는 이런 시간이 꼭 필요하다. 차분하게 말씀 앞에서 시간을 보내야 한다. 새벽에 임하시는 말씀에 대한 기대를 가질 수 있다는 것은 축복이다.

새벽기도의 영성은 이미 한국 교회 안에 녹아 있다. 새벽기도는 그 무엇과도 바꿀 수 없을 만큼 중요한 영적인 자산이다. 한국 교회를 지키는 힘은 새벽기도에서 나왔다고 해도 무방하다. 새벽기도를 지키는 성도들이 있었기에 한국 교회가 든든히 세워져 왔다. 새벽기도의 저력은 대단하다. 한국 교회 믿음의 선조들이 이 길을 걸어왔다.

그런데 지금은 새벽기도회마저도 위협을 받고 있다. 이미 한국 교회 안에 새벽기도회가 없는 교회들이 꽤 있다. 새벽 기도회가 다른 것으로 대체되고 있다. 물론 새벽기도회가 절 대적인 것은 아니다. 새벽기도회에 나가는 것으로 의무를 다 했다고 여기는 신앙도 문제는 있다. 그럼에도 새벽기도회의 유용성은 분명히 있다. 복잡하게 살아가는 현대인들은 새벽 이 아니면 기도할 시간을 만들기 어렵다. 새벽기도는 좋은 영적인 수로 역할을 한다.

새벽기도와 철야기도의 앙상블이면 최상이다. 감사하게 도 수영로교회는 새벽기도회와 금요철야기도회가 균형 잡혀 있다. 둘 다 우리 신앙의 보배들이다. 하나만 살고 다른 하나 가 죽으면 안 된다. 새벽기도회와 금요철야기도회가 서로 어 울려 함께 가야 한다.

둘은 나름대로 특성을 가지고 있다. 그리고 서로 보완적 인 면이 있다. 새벽이나 밤이라는 상황에 따라 나오는 에너 지가 다르다. 새벽기도가 잔잔한 시냇물이 흐르는 것이라면 철야기도는 뜨거운 불이다. 새벽기도가 차분하게 하루의 일상을 위해 시동을 거는 일이라면 철야기도는 엔진에 불을 붙이는 일이다. 이른 새벽이 묵상의 시간이라면 늦은 밤은 부르짖는 시간이다. 새벽기도회가 말씀을 내재화하는 때라면 철야기도회는 말씀 포탄이 심장을 뛰게 하는 때다. 새벽기도회가 이슬과 같은 은혜를 만끽하는 시간이라면 철야기도회는 소나기와 같은 은혜를 기대하는 시간이다. 새벽기도회가 세미한 음성을 듣는 시간이라면 철야기도회는 많은 물소리를 듣는 시간이다. 새벽기도회가 하루를 살아갈 힘을 얻는 시간이라면 철야기도회는 한 주간을 살게 하는 동력을 얻는 시간이다.

특별히 금요철야기도회는 뜨거워야 한다. 불을 받아야 한다. 성령의 불이 임해야 한다. 역동성이 일어나야 한다. 가슴이 뜨거워져야 한다. 불이 붙어야 앞으로 나간다. 지금 한국교회는 불이 필요하다. 기도의 불이 붙어야 한다. 침체를 걷어 내는 것은 기도밖에 없다. 기도로 한국 교회의 위기 상황을 뚫고 지나가야 한다. 기도의 열기를 다시 일으켜야 한다. 불은 기도로 붙인다. 기도가 아니면 불이 안 붙는다. 불이 안붙으면 다른 것들은 다 소용없다. 예배당이 아무리 잘 지어져 있으면 무엇 하는가? 냉장고와 같이 싸늘하다면 아무 일도 일어나지 않는다. 용광로같이 뜨거워야 한다. 총알에 불이 붙어야 위력을 발휘한다. 불이 안 붙으면 고철에 불과하다. 앞으로 나가야 한다. 뒤로 물러날 곳이 없다. 퇴로가 없다. 벼랑 끝이다. 그러므로 앞으로 나가야 한다. 팔을 앞으로 뻗어야 한다. 넘어져도 앞으로 넘어져야 한다. 뒤로 물러나면 안 된다.

새벽기도의 영성은 교회의 기초와 같다. 새벽기도의 자리를 지키는 성도가 교회를 떠받친다. 금요철야기도회는 교회의 엔진이다. 강력한 화력은 엔진에서 나온다. 바다를 항해하는 배에 엔진이 꺼졌다고 생각해 보라. 거친 파도가 닥치면 속수무책이 된다. 갈 곳을 잃고 표류하고 만다. 엔진이 꺼진 상황은 비상 중에 비상이다. 엔진을 켜야 한다. 엔진이 살아야 목적지를 향해 앞으로 나갈 수 있는 것처럼, 교회도 기도의 엔진이 켜져야 세상으로 나아갈 수 있다.

우리가 정해 놓은 경계선을 넘어서기 바란다. 한계를 돌파하기 바란다. 역동성을 회복하기 바란다. 새벽기도회, 금요철야기도회가 우리 교회의 현재 영성을 형성하는 데 큰 영향을 주고 있다. 우리 교회만의 독특한 영적 색깔을 입히고 있다. 다소 투박해 보이지만 앞으로 나가게 만드는 추진력이 여기에서 나온다. 새벽기도회와 금요철야기도회를 사랑하고 붙드는 이유다.

25
기도해야 할 제목은
밤을 지새울 만큼
많다

밤을 새우며 기도하는 사람들은 중보기도자다. 아무리 개인적으로 기도할 제목이 많다 해도 밤을 새울 수는 없다. 밤을 새워 기도한다는 것은 하나님의 마음을 가졌다는 것이다. 중보의 사명, 도고의 사명을 가졌다는 것이다. 우리는 이 사명자의 길을 포기하지 말아야 한다.

기도하는 사람은 사명자이다. 사명자로서 시대를 보는 눈이 있어야 한다. 영적으로 높은 분별력을 소유해야 한다. 세상에서 일어나는 일들과 흐름 속에서 기도의 제목을 찾아내야 한다. 우리는 개인적인 기도 제목을 가지고 금요철야기도회에 나온다. 그러나 개인 기도에만 머물러 있으면 안 된다. 열방과 나라와 한국 교회를 위해 기도해야 한다. 느헤미야는 예루살렘의 무너진 성벽을 위하여 벌어진 상황을 분명히 파악했다. 동시에 하나님의 은혜를 구했다. 한쪽 눈은 상황을, 다른 한쪽 눈은 하나님을 바라봤다. 우리도 느헤미야처럼 세상 문제들에 대한 부담감을 가지고 기도의 자리에 서야 한다. 세상에서 일어나는 일들에 대한 거룩한 부담감을 가져야 한다.

오늘날 기도할 일은 너무 많다. 자세히 보면 기도할 제목이 한둘이 아니다. 중보기도 제목들을 열거해 보라. 나라와 민족을 위해, 다음 세대를 위해, 교회들을 위해, 세계 교회를 위해, 선교지를 위해, 각 영역의 지도자들을 위해, 교회의 여러 사역을 위해, 환자나 위급한 일을 당한 성도들을 위해 우리는 기도해야 한다. 때로는 구체적인 기도 제목들도 생긴다. 모든 문제를 기도로 가지고 가야 한다.

그러려면 금요철야기도회는 여유롭지 않다. 긴장감이 있다. 중요한 것은 무엇을 위해 기도할 것인가를 정확히 해야 한다. 기도의 타켓이 분명해야 한다. 애매모호한 기도로 시간을 보내면 안 된다. 좀 더 명확하고 구체적인 기도를 드려야 한다. 밤을 새워 기도하는데 중언부언하면 되겠는가?

중요한 것은 성령께서 기도하게 하시는 것을 구해야 한다. 우리가 하고 싶은 기도가 아니라 하나님이 하게 하시는 기도를 해야 한다. 하나님의 뜻을 따라 간구하게 하시는 성령님을 의지해야 한다. 화살을 과녁에 정조준하듯이 기도의 초점을 분명히 해야 한다. 성령에 민감하면 기도는 성령께서 이끄신다. 성령 안에서 기도하다 보면 기도의 제목이 쌓인다. 기도 제목이 애매 모호하지 않다. 기도하다 보면 성령이 시키시는 기도가 있다. 하나님이 우리를 어디론가 데리고 가신다. 무너진 성벽 사이에 들어가 중보기도자로 서야 한다. 지금 이 순간 혹은 우리 시대, 우리 공동체에 하나님이 원하시는 기도를 하는 것이 중요하다. 기도에 있어 열심보다 더 중요한 것은 하나님의 뜻이기 때문이다.

무엇보다 주님의 눈으로 세상을 바라보아야 한다. 긍휼의 성품이 필요하다. 긍휼의 마음을 가지고 있을 때 기도할 것들이 보인다. 그럴 때 하나님이 기도하게 하신다. 긍휼은 하나님의 마음이다. 우리가 기도할 때 하나님과 마음이 이어진다. 하나님의 마음을 가진 사람들은 세상에 대한 긍휼의 마음이 있다. 사람들은 문제가 있으면 비난한다. 욕을 하고 분노를 쏟아 낸다. 그렇게 해 봐야 아무런 도움이 안 된다. 신자들은 모든 것이 기도의 제목이다.

세상이 혼란한 이유는 정치 지도자들이나 어떤 사람들의 문제 때문이 아니다. 우리의 기도 부족 때문이다. 그리스도인들은 세상 탓을 하면 안 된다. 기도해야 할 사람이 기도하지 않는 것이 문제다. 주님은 우리에게 왕 같은 제사장이라고 하셨다. 제사장 업무에서 중요한 것이 기도다. 우리는 기도를 통해서 세상을 통치해야 한다. 그리스도인이 기도하지 않을 때 세상은 더 많이 망가진다.

그런데도 왜 우리는 기도하지 않는가? 영적 둔감성이 문제다. 영적으로 어두워져 있으면 기도할 것이 안 보인다. 우리 시대 전체가 영적으로 어두워져 있다. 지금은 심각한 개인주의에 빠져 있다. 나 외에 다른 일에 관심이 없다. 공동체 의식이 현저히 약해졌다. 세상에 대한 공적인 책임을 소홀히 하면 안 된다. 우리도 모르게 찾아온 영적 무지가 세상을 보는 눈을 둔감하게 만들었다. 누군가 깨어 있어야 한다. 깨어 있다는 것은 기도로 표현된다.

가정이 무너져 가는데도 아무도 기도하지 않는다면 불 보듯 뻔하다. 어디에서든 깨어 있는 한 사람이 있어야 한다. 다른 사람은 기도하지 않아도 기도하는 한 사람이 가정을 살리고 공동체를 살린다. 그리스도인이라면 기도할 것이 보여야 정상이다. 하나님이 기도하게 하실 때 기도하는 사람이 살아 있는 영성을 가진 자다. 금요철야기도회는 깨어 있는 영성을 강조한다. 내가 깨어 기도하지 않으면 누가 기도하겠는가?

금요철야기도회에 모여 기도하는 성도의 기도가 가정을 지키고 이 민족을 지키고 교회를 지킨다. 기도자는 파수꾼이다. 기도하는 사람이 잠들면 모두가 죽는다. 그래서 교회는 금요철야기도회 앞에서 물러 설 수 없다.

철야

26
기도 인도자는
불을 붙일 수도,
끌 수도 있다

수영로교회 금요철야기도회의 순서 중에는 말씀을 듣기 전에 합심기도 시간이 있다. 30분 정도 공동체가 한마음으로 기도하는 시간이다. 인도자가 기도 제목을 나누고 함께 기도하는 형식이다. 찬양이 끝나고 기도하는데, 이때 중요한 기도 제목들을 나눈다.

두세 사람이 내 이름으로 모인 곳에는 나도 그들 중에 있느니라 마 18:20.

합심기도의 위력은 설명하지 않아도 우리가 안다. 우리 교회에서는 교역자 중 한 사람이 합심기도를 인도한다. 공동체 전체에게 기도 제목을 나누고 기도한다. 이때 기도 인도자의 역할이 중요하다. 기도 인도자에 따라 기도회의 분위기나 흐름이 달라진다. 기도회 인도가 생각보다 쉬운 일이 아니다.

기도 인도자는 기도의 불을 붙일 수도, 끌 수도 있다. 불을 붙이는 사람은 반드시 그 안에 불이 있어야 한다. 나에게 불이 없는데 누구에게 불을 붙일 수 있겠는가? 평소에 기도하는 사람이어야 불을 붙일 수 있다. 기도 인도자에게 불이 없으면 도리어 소방수가 돼서 있는 불마저 꺼 버린다. 그래서 기도를 끌고 가야 할 사람이 도리어 기도회를 방해할 때가 있다. 그러지 않으려면 기도 인도자가 기도 시간에 제물이 되어야 한다. 자신을 하나님의 제단에 올려놓는 마음으로 청중들과 함께 기도해야 한다. 마음을 초집중해야 한다. 성령의 인도하심이 있어야 한다. 형식적으로 인도하며 중언부언하면 안 된다.

무엇보다 기도 인도자는 성도들에게 합심으로 기도할 제목을 잘 나누어야 한다. 기도 제목을 나누는 일은 결코 쉬운 일이 아니다. 특히 합심기도 초기, 기도회가 뜨겁게 달아오르기 전이 중요하다. 금방 불이 붙지 않는다. 예열이 필요하다. 이때는 선포할 문장 하나하나에 심혈을 기울여야 한다. 이때 어떻게 기도 제목을 나누느냐에 따라 기도회의 방향이 결정된다. 기도의 동기부여를 잘해야 한다. 영혼 없는 기도 제목이 되면 안 된다. 기도 제목을 나누는데 허공을 치면 안 된다. 모호한 기도 제목을 나눠도 안 된다. 기도 제목이 명료해야 한다. 무엇을 위해 기도해야 하는지 명확하게 전달해야 한다. 기도 내용이 겹쳐도 안 된다. 앞에서 기도한 내용과 비슷한 기도 제목을 나누면 흐름이 깨진다. 기도 제목 하나하나가 기도를 위한 동기부여에 매우 중요한 역할을 한다.

기도 인도자는 기도 제목을 나눌 때 가슴이 뛰어야 한다. 성도들의 가슴을 출렁이게 해야 한다. 기도할 수밖에 없도록 성도들의 마음을 일으켜야 한다. 그러려면 기도 인도자가 먼저 기도 제목 안으로 들어가야 한다. 환자를 위해 기도한다면 그 아픔에 대한 긍휼의 마음이 기도 인도자 마음 안에 채워져야 한다. 감정이입이 일어나야 한다. 마치 내 기도 제목인 것처럼 다루어야 한다. 어려움을 당하는 나라들을 위한 중보기도를 한다면 그 나라의 고통과 실상을 정확히 알고 하나님의 마음으로 기도 제목을 나눌 수 있어야 한다. 성도들이 기도 제목을 들을 때 마치 이 시대에 하나님이 우리에게 주시는 말씀처럼 들어야 한다. 세상 안에서 부르짖는 고통의 소리를 대변해야 한다. 때로는 그 기도 제목 때문에 고통하기도 해야 한다. 기도 인도자가 기도 내용 바깥에 있으면 안 된다. 강 건너 불구경하듯이 기도 제목을 나누면 안 된다.

기도 제목은 기도로 준비해야 한다. 결코 즉흥적이어서는 안 된다. 기도 인도자 안에 깊이 녹아 있는 기도 제목을 청중과 나누어야 한다. 평소 기도 생활이 몸에 익어 있어야 가능한 일이다. 짧은 기도라도 성도들의 가슴에 불을 지피는 기도 인도자는 오랫동안의 기도로 살아온 사람이어야 한다. 소리만 높인다고 되는 것이 아니다. 기도 제목을 전달할 때 내용만 전달하는 것이 아니다. 애통하는 마음을 가지고 있어야 한다. 간절함과 진실함이 들어가야 한다. 인도자는 성도들과 하나가 되어 하나님의 보좌 앞으로 나아가야 한다.

합심기도는 30분 정도 짧은 시간동안 진행되지만 이때 성도들은 기도로 하나가 된다는 것을 경험한다. 기도하는 사람들끼리는 빠르게 하나가 된다. 마음과 마음이 이어진다. 영이 통한다. 그때 기도의 화력은 대단하다. 온 공동체가 하늘 보좌를 향해 나아간다는 느낌이 든다. 그때 공동체 전체는 기도로 하나 됨을 확인한다. 이보다 더 좋은 일이 어디 있는가?

합심기도는 위력이 있다. 기도 제목을 따라 기도하다 보면 기도회의 열기가 뜨거워진다. 그러면 그다음부터는 기도 인도자가 할 일이 별로 없다. 기도 제목도 짧게 나누어도 된다. 이미 성도들은 성령께서 인도하고 계시기 때문에 기도 인도자는 그때부터 약간 비켜나 있어도 된다. 그때는 멘트를 길게 하면 안 된다. 청중은 이미 성령 안에서 깊은 기도로 들어갈 줄 안다. 기도 인도자는 이런 것들을 영적으로 민감하게 느끼며 인도해야 한다. 끊어야 할 때와 계속 끌고 가야 할 때를 아는 민감성이 중요하다.

수영로교회 금요철야기도회를 인도하는 담당 교역자는 기도회를 마치고 나면 온몸이 땀으로 흠뻑 젖는다. 탈진이 걱정될 정도다. 공동체와 함께 사력을 다해 달린 증거다. 기도는 노동이다. 결코 쉬운 일이 아니다. 때로는 제사장의 역할로 백성과 하나님 사이에 서기도 하고, 때로는 선지자처럼 백성들을 향해 회개와 결단을 촉구하기도 한다. 공동체와 함께 중보기도를 하는 시간은 그야말로 중노동이다. 그러나 함께 기도함으로 그 기도가 하나님의 보좌에 상달되었다는 마음이 들 때는 하늘로 오를 것 같은 감격에 휩싸인다.

합심기도가 뜨겁게 드려지고 난 후 헌금 시간을 갖고, 그다음 말씀을 인도한다. 합심기도를 은혜롭게 마쳐야 그다음 순서들이 더 힘을 얻는다. 앞에서 열기가 식거나 분위기가 가라앉으면 영적 분위기를 다시 일으켜야 한다. 그래서 이 시간이 중요하다. 금요철야기도회에서 중요한 것은 영적 흐름이 끊기지 않게 하는 것이다. 매주 하는 기도회지만 미세한 것들까지도 사전에 철저히 준비하고 기도하지 않으면 안 된다. 모든 순서가 물 흐르듯이 진행될 때 은혜는 배가 되고 기도회는 더 깊어진다.

온 공동체가 믿음으로 합심하여 강력하게 기도하는 시간은 가슴이 뛴다. 하나님이 그 기도를 받으실 때 무슨 일이 일어날지 아무도 모른다.

27

기도회를
준비하는
기도회가 있다

우리 교회는 금요철야기도회를 위한 중보기도 팀이 있다. 이들은 기도회 전에 모여서 준비 기도회를 갖는다. 금요철야기도회를 위한 기도회다. 이들은 성도들이 나오기 전에 예배당을 기도로 준비한다. 찬양-기도회-말씀 순서로, 예비 기도회 형태지만 강력하다. 그들은 그야말로 기도 특공대다. 비가 오나 눈이 오나 기도한다. 그들의 기도가 금요철야기도회를 살린다. 먼저 와서 기도하는 자리에 영적으로 불을 점화하는 것이다.

금요철야기도회에 참여하기 위해 본당에 들어서는 성도들은 깜짝 놀란다. 무엇인가 다르다는 것을 이미 느낀다. 어떤 성도는 철야기도회가 벌써 시작한 줄 안다. 중보기도 팀이 있어서 예배당 안이 기도로 가득 찬다. 영적 열기가 온몸으로 다가온다. 예배당에 들어서는 순간부터 기도하고 싶은 마음이 일어난다고 말하는 성도들도 많다. 중보기도 팀의 기도 덕분이다. 이렇게 금요철야기도회를 위해 애쓰는 숨은 헌신자들이 많다.

은혜로운 곳에는 이유가 있다. 겉으로 돌아가는 것만 보면 모른다. 수영로의 금요철야기도회에는 설명할 수 없는 비밀들이 있다. 무엇이라 딱히 정의 내릴 수 없는 조합들이 서로 연결되어 있다. 눈에 보이는 영역에서 어떤 사건이 벌어지기 위해서는 눈에 보이지 않는 영역에서 일어나는 일이 있어야 한다.

금요철야기도회를 성공적으로 진행하기 위해서는 교회의 전체적인 분위기가 중요하다. 교회 안에 기도가 어느 정도의 대접을 받고 있는가를 점검해야 한다. 어떤 교회에서는 기도가 변두리로 밀려나 있다. 기도를 푸대접하는 교회는 기대할 것이 없다. 기도를 최상위에 올려 놓아야 한다. 기도가 회복되어야 한다. 기도는 우선순위에서 밀려나면 안 된다. 그동안 한국 교회는 기도를 푸대접해 왔다. 기도를 하나의 요식적인 절차로 대했다.

오랫동안 기도가 무시되어 온 교회에서 금요철야기도회를 시작하는 일은 쉽지 않을 수 있다. 기도의 불이 꺼져 있기 때문에 다시 일으키는 작업을 위해서는 많은 대가를 지불해야 한다. '교회 전체가 기도하는 분위기인가, 아닌가?' '기도회가 성도들에게 환대받는 분위기인가?'는 아주 중요한 기준이다. 평소에 기도하는 교회라면 금요철야기도회를 도입하는 일은 그리 어렵지 않을 것이다.

수영로교회는 세월을 통해서 쌓아 온 영적인 내공이 있다. 오래 전부터 기도가 중심부에 놓여 있었다. 성도들도 기도의 중요성을 이미 알고 있다. 기도에 목숨을 거는 성도들이 꽤 있다. 그러니 기계적이거나 의례적인 방식으로 운영되는 기도회와는 다르다. 준비하고 사모한 만큼 뜨겁다. 수영로교회는 본래부터 기도를 강조해 온 교회다. 정 원로목사님의 무릎 목회는 유명하다. 기도하는 목회자에 기도하는 성도들이 있다. 기도는 기술이나 방법론이 아니다. 본질로 접근해야 한다. 목회에서 기도 강조는 교회 전반에 걸쳐 흐르는 분위기다. 수영로교회는 당연히 기도하는 그룹이 많다. 다양한 중보기도 모임들이 활발하게 돌아가고 있다. 다양한 기도 모임들이 교회의 영적 자산이다.

이런 기도의 흐름들이 금요철야기도회에서 함께 모인다. 다양한 지류들이 모이고 모여 큰 강을 이루는 것과 같다. 교회 안에서 다양한 기도의 형태들이 돌아가야 한다. 기도하는 사람들 중에서도 금요철야기도회를 위한 중보기도 모임이 만들어졌다. 금요철야기도회 한 시간 전에 모여 마음을 모아 강력하게 그날 주실 은혜를 위해 기도한다. 가벼운 기도회가 결코 아니다. 준비 기도회라고 하지만 준비 정도로 끝나지 않는다. 그들은 사력을 다해 금요철야기도회를 위해 기도한다. 기도회를 살리는 기도회다. 이렇게 금요철야기도회의 밤은 다양하게 구성되어 있다. 촘촘하게 준비되고 깊어져 간다. 이런 수준까지 기도회가 깊어져 가려면 시간이 흘러야 한다. 단순히 금요철야기도회만의 문제가 아니라 교회 전체의 건강성과도 연결된다.

기도는 교회의 심장이다. 기도를 하고 안 하고는 금요철야기도회만의 문제가 아니다. 심장은 항상 뛰어야 한다. 심장이 뛰다 쉬다 하면 안 된다. 금요철야기도회가 살아 있으려면 기도는 일주일간 내내 다양한 형태로 살아 움직여야 한다. 각 기도회가 정밀하게 서로 연결되어 유기적으로 생명력을 불어 넣어야 한다. 금요철야기도회는 그 한가운데 있다. 금요철야기도회가 살려면 다른 기도회들이 살아야 하고 교회가 건강하게 모든 것들이 돌아가야 한다.

아울러 금요철야기도회가 살아 있음으로 모든 교회의 사역들이 건강하게 돌아가게 한다. 거룩한 영적 순환이다. 금요철야기도회는 마치 심장과 같다. 건강한 피를 온몸으로 보내는 펌프질을 계속 하는 것이다. 이 펌프질이 공동체의 생명력과 직결된다는 것을 알고 있기 때문에 우리는 여기에 엄청난 에너지를 쏟고 있다.

기도는 교회를 살아 있게 한다. 기도를 통해 교회 안에 노폐물들이 제거된다. 기도가 공동체 곳곳에 스며들어 갈 때 사역들이 살아난다. 기도하는 교회는 젊다. 기도를 통해서 계속 에너지가 넘친다. 기도의 시너지가 중요하다. 하나의 기도회가 아니라 모든 기도회, 기도 팀이 서로 연결되어 시너지를 일으킬 때 교회 안에 거센 기도의 파도가 치게 된다.

금요일 밤을 준비하는 준비 기도회가 수영로교회 금요철야기도회를 불태우는 비밀이다.

Part 4 _____

금철,
추억을 넘어
지금이다

28
교회의 건강성을
점검해 봐야
한다

       교회의 건강성을 점검해 보아야 한다. 오늘
날 한국 교회는 건강에 문제가 있다. 영적인 탄력이 떨어져
있다. 영적 골다공증에 걸렸다. 조금만 마찰이 일어나도 부
서진다. 교회 안에 활기가 없고 생동감이 약화되어 있다. 무
기력증과 패배주의가 생각보다 널리 퍼져 있다.

    그러면 무엇으로 교회의 건강성을 진단할 수 있는가? 건강
한 교회는 무엇을 시도해도 된다. 영적 열기가 있기 때문에
어떤 프로그램을 가져와도 관심과 호응을 얻는다. 무엇을 하

려고 하면 성도들이 적극적으로 지지한다. 무엇을 하든 긍정적 에너지가 나온다. 활력이 넘친다. 새로운 시도를 하는데 제한이 별로 없다. 실패에 대한 두려움이 없다. 말 그대로 믿음의 공동체다.

그러나 건강성이 떨어지는 교회는 무엇을 해도 잘 안 된다. 성도들은 새로운 일에 기대감이 없다. 누가 시작해도 관망할 뿐이지 적극적으로 참여하지 않는다. 성도들이 따라오지 않으면 교회는 아무것도 할 수 없다. 설령 시도했다고 해도 진행되지 않는다. 이런 교회는 항상 말이 많고 부정적인 견해들이 더 우세하다. 무엇이든 하지 않으려는 분위기로 가득하다. 이전에 다 해 보았다는 것이다. 시작하려고 하면 회의에 회의를 거듭한다. 회의는 헌신하는 사람보다 말 잘하는 사람 중심으로 돌아간다. 이런 공동체는 폐쇄적이다. 영적 기대감도 없고 식욕도 없다. 갈급함이 없다. 이미 세상에, 다른 것에 빠져 있다. 세상 재미를 좇아가는 세속화가 많이 진행된 상태다. 쇠퇴하는 교회들의 특징이다.

그동안 금요철야기도회를 하지 않던 교회가 새롭게 시작하고자 할 때, 교회의 건강성을 먼저 점검해 봐야 한다. 건강한 교회라면 걱정할 것 없다. 그냥 시도하면 된다. 그러나 건강성이 많이 떨어진 교회라면 워밍업이 필요하다. 너무 성급하게 몰아가다가 실패하는 경우가 많다.

금요철야기도회 이전에 먼저 기도하는 분위기를 조성해 보는 것이 좋다. 작은 기도 모임부터 시작해 보는 것이다. 첫 술에 배부르는 법은 없다. 작게 시작해 보라고 권하고 싶다. 기존의 기도 모임들이 있었다면 그곳부터 활성화하는 것이 우선이다. 수요기도회와 새벽기도회가 있었다면 여기를 좀 더 보수해 보는 것도 좋다. 기존의 기도회가 잘 돌아가지 않는데 또 새로운 것을 만들어 시작하려고 하면 저항이 생긴다. 설득력을 갖기 어렵다. 이미 있는 기도 모임들이 활성화되는 것에 힘을 쏟아야 한다. 기도에 대한 기대감을 조금씩 끌어올려야 한다.

그 후에는 공동체 안에서 사람들 안에 영적인 기대감을 갖게 하는 시간이 필요하다. 공동체 전체에 영적인 활력을 일으키는 작업이 있어야 한다. 건강을 회복하는 일과 금요철야기도회는 연결되어 있다. 성급하게 결사적으로 밀어붙이면 도리어 부정적인 의식이 공동체 안에 일어난다. 그러면 앞으로 영영 금요철야기도회를 못하게 될 수 있다. 시작은 부드럽고 자연스러워야 한다. 아무리 좋은 것도 불쑥 내밀면 당

혹스럽다. 목사님 혼자만 뜨거워서 될 일은 아니다.

무엇을 새롭게 시작할 때 지혜가 필요하다. 목회자가 주도해서 시작할 수도 있지만 공동체 안에서 자연스럽게 기도의 분위기가 일어나도록 하는 일이 더 지혜로운 방식이다. 먼저 하나님이 공동체 성도들의 마음을 열어 주시도록 기도로 준비해야 한다. 우리가 기도하고 준비하면 하나님이 기회를 주신다. 하나님이 역사하시는 때가 있다. 느린 듯하지만 하나님의 때는 가장 정확하다. 하나님이 역사하시는 순간을 기다려야 한다. 그때 시작하면 어렵지 않다. 때가 아직 아닌데 무리하게 시작하지 않아야 한다.

하나님은 기도를 일으키기 원하신다. 기도는 우리보다 하나님이 더 바라시는 일이다. 금요철야기도회를 시작하는 데 좀 더 세심한 준비가 필요하다. 성도들에게 기도에 대한 동기부여를 먼저 해야 한다. 성도들 안에서 기도에 대한 바람이 먼저 불어야 한다. 기도의 열기가 서서히 일어나면 교회 안에 에너지가 생긴다. 얼마 지나지 않아 교회의 영적인 새로운 기류가 생겨난 것을 보게 될 것이다. 기도하면 달라진다. 기도하면 교회의 잡음들은 사라지고 건강한 공동체로 세워질 것이다.

29

금요철야기도회는
교회 성장의
도구가 아니다

금요철야기도회를 다시 시작하고 싶어 우리 교회를 탐방하는 교회들이 늘고 있다. 어떻게 하면 금요철야기도회를 다시 일으킬 수 있을지 궁금해 한다. 좋은 현상이다. 한국 교회 안에 일어나는 좋은 변화다.

방문한 교회들은 대개 방법론에 대해 질문한다. 몇 시에 시작하는지, 기도회 순서는 어떻게 해야 하는지 등이다. 그러나 방법을 안다고 되는 일이 아니다. 일단 시작하는 것이 중요하다고 말하고 싶다. 시작하되 처음부터 많은 사람을 모아서 하려고 하지 말고 몇 사람으로라도 시작하는 것이 중요하다.

기억해야 할 것은 인위적으로 하려고 하면 안 된다는 것이다. 예를 들면 직분자들은 반드시 참여하라고 하거나 혹은 중직자 선발에 중요한 기준으로 삼겠다고 하는 것은 악수를 두는 것이다. 그런 방식들은 매우 인본주의적인 접근이다. 가장 나쁜 방식이다. 기도회 참여를 상벌의 기준으로 접근하면 안 된다. 한국 교회는 그동안 상을 개발하고 많이 남발했다. 그것은 교인들의 수준을 떨어뜨리고 말았다. 어릴 때는 약간의 격려가 필요하다. 유치원 아이들에게는 격려를 많이 해야 한다. 칭찬을 해야 움직인다. 그러나 성장하면 다르다. 신앙생활에 의무적인 참여를 강요하면 재미없다. 그렇게 하면 오래가지 않는다.

거룩한 것은 세속적인 방식으로 이루려고 하면 안 된다. 기도회로 모이는 일은 순수하게 출발해야 한다. 교인들을 어떤 목적을 위해 몰아가려고 하는 유혹을 걷어 내야 한다. 금요철야기도회는 교회 성장의 또 다른 도구가 아니다. 기도에 관한 교회의 본질적인 추구여야 한다. 한국 교회에는 성장주의 도그마의 폐해들이 아직도 많이 남아 있다. 무엇이든 성장의 도구로 사용하려고 하는 목회자들의 태도가 문제를 일으킬 때가 많다.

　그냥 기도하기를 원하는 사람들이 모여 기도를 시작하면 된다. 우리는 형식을 만들어 놓고 내용을 채우려고 한다. 그러나 아무리 형식이 좋아도 내용이 부실하면 실패한다. 형식보다 내용이 먼저다. 현대 사회는 어디를 가나 콘텐츠의 싸움이다. 내용이 좋으면 모여들게 되어 있다. 사람들은 금방 안다. 입소문은 생각보다 빠르다. 항상 '어떻게?'를 생각하는 방법론보다 '무엇을?' '왜?'라는 본질적 질문에 충분한 답을 가지고 있으면 된다.

　기도는 원초적인 것이다. 우리가 기도하려고 노력하기 전에 하나님이 우리를 기도하게 하셨다. 우리 안에 기도의 영이 있다. 우리는 기도하지 않으면 살 수 없는 존재다. 기도는 모국어다. 기도는 억지로 할 수 있는 것이 아니다. 기도회에서 기도다운 기도가 일어나면 저절로 불이 붙게 되어 있다. 인위적으로 악수를 둘 이유가 없다. 자연스러워야 한다. 물이 흐르듯 흘러가도록 하면 된다. 우리의 몸을 맡기면 된다. 기도를 하고자 모이면 성령이 먼저 우리 안에서 일하시는 것을 보게 된다.

　기도회에 사람이 많이 모일 것이라고 생각하지 말라. 괜히 사람이 적게 온다고 실망할 필요도, 사람이 적게 올 것 같아 두려워할 필요도 없다. 사람을 많이 모으려고 신경쓰지 않아도 된다. 사람이 많다고 기도회가 뜨거워지는 것이 아니다. 많이 모였다고 다 좋은 집회라고 할 수도 없다. 몇 사람이라도 성령이 역사하시는 기도회가 되면 된다. 중요한 것은 숫자가 아니다. 모으는 것은 하나님이 하신다. 우리가 할 일은 그저 모인 사람들과 기도 안으로 깊이 들어가는 것이다. 기도회다운 기도회가 되면 된다.

쉽고도 어려운 말이라는 것을 안다. 그러나 답은 간단하다. 가난한 심령들이 모여 기도하는 것이 기도회의 본질이다. 목이 마를수록 기도는 뜨거워진다. 그렇기 때문에 사람이 적게 온다고 기도회를 간단하게 끝내면 안 된다. 사람의 수에 흔들리지 않고 성령이 일하시도록 공간을 내어 드리면 된다. 성령이 역사하시면 소수의 사람이 모여도 강력한 기도회가 된다.

두려워할 일은 사람만 모인 기도회로 끝나는 것이다. 기도회는 성령이 운행하심이 있는가에 모든 것이 결정된다. 핵심은 성령의 역사하심이다. 성령을 모신 기도회, 성령에 민감한 기도회가 되면 된다. 그다음은 성령이 하실 것이다. 사람이 얼마나 오게 할 것인가는 일단 잊으라. 성령의 일하심이 없으면 수만 명이 모여도 별 볼 일 없다. 성령을 의존하지 않는 곳의 특징은 인위성을 가미하려고 한다. 기도회를 이벤트식으로 하려고 한다. 기도회는 기획을 잘한 이벤트가 되면 안 된다. 기도는 방법론으로 접근하면 실패한다. 인위적으로 모으려고 머리를 쓰면 안 된다. 그런 길로 가면 망한다. 마음을 완전히 비우라.

금요철야기도회는 기도하는 자리다. 인간적 힘을 빼는 자리다. 가능한 인위적인 것을 배제해야 한다. 인간적으로 준비해야 할 것들이 없는 것은 아니다. 그러나 중요한 점은 우리의 노력은 한계가 있음을 인정하는 것이다. 기도회를 실제적으로 이끄시는 분은 성령님이시다. 사람이 많이 모인다고 역사가 일어나는 것이 아니다. 숫자보다 더 중요한 것은 그곳에 성령이 임하셨는가다. 사람이 할 수 있는 일과 하나님이 하시는 일을 구분해야 한다. 우리가 할 수 없는 일, 우리가 하면 안 되는 일을 하려고 하면 죽을 쑤게 되어 있다. 그런데 성령이 역사하시면 된다. 우리가 분위기를 만들 수 없다. 가능한 인위적인 것을 배제하고 성령이 일하시도록 내어 드리는 태도를 가져야 한다. 금요철야기도회는 행사나 프로그램이 아니다. 교회 성장의 도구로 여기면 실패한다.

성령의 역사하심 속에서 기도가 이끌려 가면 놀라운 일이 일어난다. 조금씩 사람들이 저절로 모여들게 된다. 소문을 내지 않아도 나게 되어 있다. 좋은 것은 알리지 않아도 소문이 난다. 광고할 이유가 없다. 광고를 잘한다고 기도회에 안 나오던 사람이 나오지 않는다. 기도회의 분위기가 중요하다. 몇 사람이 모이든지 그곳에 성령이 역사하시면 그다음부터는 하나님이 알아서 하신다. 꽃에 향기가 나면 벌은 저절로 어디에선가 날아온다. 기도회가 은혜로우면 성도들은 모이게 되어 있다.

성령에 대한 기대감을 가지고 나가 보라. 모든 것은 성령에게 맡기라. 우리가 마음을 열고 시작하면 하나님이 분명히 일하신다. 방법론의 싸움이 아니다. 그렇다면 답은 단순해진다. 우리가 일을 너무 복잡하게 만들고 어렵게 할 때가 있다. 어떤 때는 우리의 쓸데없는 열심이 하나님의 일을 그르칠 때가 얼마나 많은지 모른다. 기도다운 기도를 경험하는 공간과 시간만 있으면 된다. 다른 것은 비워 두라. 성령이 역사하시도록 많이 비울수록 좋다. 어느 교회이든지 금요철야기도회가 가능하다. 우리의 믿음이 필요하다.

30

금요철야기도회가
들불처럼 번져 나가는
꿈을 꾼다

그동안 한국 교회의 약점은 개교회주의였다는 것이다. 모두 '우리 교회'만 생각했다. 다른 교회는 죽는지 사는지 관심이 약했다. 공교회 개념이 희박했다. 유기적 교회 의식을 가지지 못했다.

지금 그 후유증을 심각하게 앓고 있다. 우리 교회만 산다고 살 수 있는 것이 아니다. 지금은 어느 한 교회만의 부흥이나 성장으로는 안 된다. 같이 살아나야 한다. 한국 교회는 하나님 나라의 비전을 회복해야 한다. 하나님 나라 안에서 교회를 생각해야 한다. 하나님은 모든 교회가 함께 살아나기 원하신다. 그 교회의 수준은 공교회성으로 평가될 수 있다. 하나님의 관점에서 교회를 보아야 한다.

기도 운동은 한 교회 안에서만 머물러 있으면 안 된다. 함께 기도해야 전체적인 움직임이 된다. 지금 한국 교회의 위기를 극복하는 길은 기도다. 무엇보다 연합 기도다. 교회마다 기도 운동이 일어나야 한다. 한때 한국 교회 안에 특별새벽기도운동이 벌어진 적이 있다. 그러나 개교회만의 운동으로 끝났다. 이제는 그마저도 잘 안 한다. 특별새벽기도의 열기도 사라진 지 오래다. 시도를 해도 잘 안 모이면 결국 없어진다. 한때 불씨로 반짝였던 특별새벽기도도 명멸하고 말았다.

다시 기도의 불길이 일어나야 한다. 이 교회 저 교회에서 불길이 일어나고 맞불이 일어나야 한다. 기도의 연합전선이 펼쳐져야 한다. 시너지가 일어나야 한다. 한 사람의 기도와 두 사람의 기도는 다르다. 장작도 무더기로 모아서 불을 붙이면 강력하고 오래 지속된다. 장막 하나만으로는 금방 꺼진다. 기도의 불꽃이 모여야 한다. 불꽃이 불길이 되면 아무도 막을 수 없다. 산불이 한번 일어나면 강력하게 번져 간다. 웬만큼 물을 부어도 꺼지지 않는다. 사도행전의 역사가 그랬다. 오순절 마가의 다락방에서 붙은 성령의 불은 꺼지지 않고 지금까지 이어져 사도행전 29장을 계속 써 내려가고 있다. 각 교회에서 기도의 불이 붙는다면 언젠가는 함께 기도하는 날들이 올 것이라 믿는다.

부산만의 독특한 영적 분위기가 있다. 부산은 연합의 도시다. 목회자들의 연합이 강력하다. 지금도 마음만 모으면 무엇이라도 할 수 있는 분위기다. 부산 교계가 연합하여 언젠가 해운대 백사장에서 10만, 20만, 30만 성도가 함께 기도한 적이 있었다. 하나님이 하신 일이다. 연합의 열매는 분명했다. 감사하게도 부산의 교계는 교세가 늘어났다. 몇 년 전 전수조사를 해 본 결과 성장이 있었다. 원인 가운데 하나를 연합이라고 평가하고 있다. 연합의 힘은 대단하다. 무엇보다 기도의 연합이 강력하다. 지금 가장 절실한 일이다. 정치적인 연합이 아니다. 영적 연대는 기도가 핵심이다.

이미 부흥을 가로막는 견고한 진들이 구축된 지 오래다. 이 시대는 어두움의 영이 강하게 역사하는 때다. 소극적인 대응으로는 승리할 수 없다. 영적 전쟁은 치열하게 벌어지고 있다. 승부수를 띄워야 한다. 가만히 있을 때가 아니다. 지금은 비실비실할 때가 아니다. 도시가 영적으로 출렁거려야 한다. 영적 기세가 회복되어야 한다. 도시의 영적 기선을 잡아야 한다. 그것은 띠를 띠고 구호를 외친다고 될 일이 아니다. 핵심은 합심기도, 연합기도에 있다. 기도로 마음을 모아야 한다. 연합기도의 힘이 있을 때 강력한 진을 허물어뜨릴 수 있다. 하나님의 백성들이 마음을 모아 합심으로 기도할 때 역사가 일어난다. 우리는 이미 연합 기도의 맛을 보았다. 민족의 운명을 바꿀 수 있고 세계사의 지형도를 바꾸어 놓을 수 있다는 믿음을 가져야 한다. 연합 기도의 힘은 강력하다. 도시의 영적 질서를 재편할 수 있다.

교회가 서로 연합하려고 하면 다른 것으로는 힘들다. 기도가 있어야 한다. 개교회마다 기도가 살아날 때 연합이 가능해진다. 교회가 기도해야 서로의 담을 허물 수 있다. 우리 교회만 산다고 사는 것이 아니다. 지금은 공생 아니면 공멸이다.

나는 한국 교회 안에 기도 운동이 뜨겁게 일어나기를 원한다. 그것이 사는 길이라 믿기 때문이다. 기도 운동 중에서도 금요철야기도회가 더 많은 교회에서 일어나기를 꿈꾼다. 금요철야기도회가 들불처럼 번져 나가기 원한다. 밤을 새워 기도하는 물결로 출렁인다면 하나님이 어찌 한국 교회를 이대로 두시겠는가?

한국 교회가 세계 교회를 섬길 수 있는 것은 기도다. 세계 교회가 인정하는 대목이다. 그 가운데서도 자랑스러운 유산은 금요철야기도회다. 그 기도의 불길을 다시 일으키기를 바란다.

나는 금요철야기도회를 통해서 얻은 축복이 너무 크다. 지금도 만나는 사역자들에게 금요철야기도회를 추천하고 또 추천한다. 금요철야기도회는 목회자는 물론이고 성도들에게도, 교회 전체에도 축복이다. 더 많은 사람이 이 은혜와 축복을 누리기를 소망한다.

31
기도하지 못할
백 가지 이유가 있어도
기도하라

금요철야기도회를 하기 원한다면 일단 시작하라. 두려워하지 말고, 너무 재지 말고 시작해야 한다. 오래 생각하고 고민하면 때를 놓친다. 기도하는 일에 주저할 이유가 없다. 기도한다는 데 다른 이유가 있을 수 있는가? 기도에 대해서만은 주저하지 않아야 한다. 다른 일은 몰라도 함께 기도하는 일이라면 미룰 이유가 없다.

한국 교회가 빈혈에 시달린다. 기도의 빈혈 증세가 뚜렷하다. 긴급 수혈이 필요하다. 주저하고 있으면 골든타임을 놓친다. 타이밍이 중요하다. 지금이다. 더 늦추면 안 된다. 이미 심각한 증세가 만연하게 드러나고 있다. 피가 부족한 사람에게 이것보다 위기는 없다. 촌각을 다투는 일이다. 이런저런 사정 볼 것 없다. 수혈을 먼저 해야 한다. 금요철야기도회는 한국 교회에 수혈하는 일과 같다. 기도의 수혈은 죽어가는 한국 교회를 살리는 길이다. 언제까지 이론적으로 분석만 하고 있을 것인가? 무엇을 더 주저하겠는가? 목이 마르면 물을 마셔야 한다. 기도의 갈증이 심하면 기도해야 한다. 한국 교회는 지금 기도가 필요하다.

코로나 팬데믹 상황은 더 심각한 위기로 몰아가고 있다. 우리가 예측하는 수준을 넘어선 일들이 일어날 것이다. 가볍게 보면 안 된다. 이미 많은 목회자나 성도가 기도의 필요성을 느끼고 있다. 모두 이구동성으로 기도해야 할 때라고 말한다. 금요철야기도회를 시도하고자 수영로교회에 방문하는 교회 지도자들은 그런 위험 상황을 느끼고 있다. 그렇다면 이제는 행동해야 할 때다. 목회자들이 모여 기도하면 된다. 회의나 세미나는 줄이고 기도해야 한다. 갱신 운동은 기도 운동이어야 한다. 목회자들이 모여 기도하면 성도들의 연합은 쉽다. 누구든지 필요를 느끼는 사람이 시작하면 된다.

철야

그리 복잡하지 않다. 몇 사람이라도 모여서 기도하기 시작하면 된다. 요란하거나 거창할 이유가 없다. 조용히, 그러나 의미심장한 출발을 해 보라. 틀림없이 기도하는 사람들이 모일 것이다.

새로운 방법을 찾을 것 없다. 지금은 백약이 무효하다. 방법론 싸움을 할 때가 아니다. 모호한 방법론에 더 이상 매달리지 않아야 한다. 지금의 갈증 상황은 새로운 기술이나 정보의 부족이 아니다. 그동안 해 왔던 방법론들은 잊어버리는 것이 유익하다. 기도의 풍성한 우물을 우리가 다시 길어 올리려면 두려움 없이 시작해야 한다. 마틴 로이드 존스(Martyn Lloyd Jones)는 《부흥》에서 아브라함이 판 우물을 블레셋 사람들이 묻어 버렸고, 그것을 이삭이 다시 찾아 그곳에서 다시 우물을 퍼 올렸다고 했다. 무슨 말인가? 부흥은 멀리 있지 않다는 말이다. 교회가 다시 사는 길은 우리에게 있다는 말이다. 한국 교회는 귀중한 유산을 이미 받았다. 이 갈증을 해결할 비밀을 알고 있다. 기도의 능력, 기도의 신비를 안다. 이미 신앙의 선배들이 걸었던 길을 더듬어 보면 답이 나온다. 본대로 우리도 따라가면 된다.

물론 금요철야기도회를 시작한다는 것은 쉬운 일이 아니

다. 용기가 필요하다. 현대 사회에서 생존 자체도 쉽지 않다. 성도들의 현실의 삶 역시 치열하다. 일상은 피곤하다. 성도들은 우리도 좀 쉬고 싶다고 말한다. 한국 교회 안에는 피로 증후군이 쌓여 온 지 오래다. 금요일 저녁에 파고드는 다양한 유혹과 싸워야 한다. 편하게 쉬고 싶은 욕망과 싸워야 한다. 짙게 드리워진 피로감을 극복해야 한다.

기도의 야성을 깨우는 일을 하면 사는 길이 열린다. 목회자들은 이제 진검승부를 내야 한다. 다른 길이 없다. 우회로를 찾으면 안 된다. 기도의 승부를 걸어야 한다. 금요철야기도회는 프로그램으로 움직이려고 하면 실패한다. 성장의 도구로 사용하면 안 된다. 그러면 우리 모두 더 피곤해진다. 그런 방법론을 사용하려고 한다면 미련한 일이다. 그냥 순수하게 시작하라. 하나님의 얼굴을 구하는 시간을 만들면 된다.

기도는 우리의 인간적 방법을 내려놓겠다는 의미다. 성도들은 기도하기 위해서 모인 것인지, 아니면 기도회를 운영하기 위해 모였는지를 안다. 기도회로 모여도 기도하지 않을 수 있다. 모이기 위한 기도회는 필요하지 않다. 우리는 자꾸 기도를 프로그램으로 돌리려고 한다. 아무리 많이 모인들 기도는 하지 않고 기도회 운영만 한다면 의미 없는 일이다. 기도다운 기도를 해야 한다. 기도의 능력을 맛보아야 한다. 기도의 기쁨을 체험해야 한다. 그러면 성도들은 피곤해도 달려 나온다. 기도를 하면 할수록 탄력이 붙는다. 기도는 중독성이 있다. 거룩한 중독이다.

우리 시대는 영적 무장을 하지 않으면 한순간 무너진다. 마귀는 쉬지 않고 공격의 틈을 노린다. 아차 하는 순간 마귀의 밥이 되고 만다. 기도를 쉬면 안 된다. 기도를 게을리했을 때 치러야 할 대가는 엄청나다. 영적으로 밀리면 안 된다. 이제는 밀릴 곳도 없다. 포사이스(Peter Taylor Forsyth)는 우리가 기도에 실패하는 가장 큰 원인은 기도를 중단하는 데 있다고 했다. 기도를 시작했으면 끝을 보아야 한다. 기도하지 못할 백 가지 이유가 있어도 멈추면 안 된다. 우리가 기도를 쉬지 않은 한 하나님은 우리의 기도에 신실하게 반응하실 것이다.

힘들면 힘이 드는 대로 그냥 기도하라. 기도회에 성도들이 적게 나오는 날에도 그냥 기도하라. 포기하고 싶은 순간을 통과해야 한다. 타협하고 싶은 유혹과 싸워야 한다. 대충하려고 하지 말라. 사람이 적게 나온 날에 더 강력하게 기도해 보라. 소수를 귀중하게 여기라. 한 영혼에 모든 것을 걸듯이 해 보라. 기도는 승리의 길이요 사는 길이다. 우리는 승리의 길을 선택해야 한다. 개인만 사는 것이 아니다. 교회를 살리는 일이다. 이제 시작해 보라. 금요일 밤을 기도의 불로 환하게 밝히는 그날이 오면 하나님이 어떤 일을 행하실지 기대가 된다.

모든 기도와 간구를 하되 항상 성령 안에서 기도하고 이를 위하여 깨어 구하기를 항상 힘쓰며 여러 성도를 위하여 구하라 엡 6:18.

지금은 밤이 깊었다. 죽는 줄 모르고 죽어 간다. 영적 전쟁이 치열하다. 어두운 밤을 기도의 불로 밝혀야 한다. 깨어 있는 영성이 절실하다. 깨어서 시대의 어두움을 걷어 내야 한다. 우리 영을 가로막고 있는 두꺼운 침체를 걷어 내야 한다.

간증문

금철,
나의 간증이
되다

어린이 금요철야기도회(어금철)에서는 기도를 뜨겁게 할 수 있고, 모두를 위해 함께 기도할 수 있어요. 은혜로운 노래로 하나님을 찬양할 수 있고, 설교 시간에는 새로운 것들을 계속 알아 갈 수 있어요. 예배 시간이 길지만, 그만큼 말씀을 한번 더 생각해 보는 시간이 있어서 참 좋아요. 하나님은 말씀 시간과 기도 시간에 제게 필요한 것들을 마음에 답해 주세요. 늦은 시간이지만 가족들과 함께 기도하고 집으로 가는 것이 즐거워요.

저는 어금철에서 사촌들에게 복음을 전할 용기를 달라고 기도했어요. 그러자 하나님은 저에게 용기를 주시며 눈물로 기도하게 하셨어요. 그리고 이번 명절에 사촌들과 함께 찬양과 율동을 할 수 있게 해 주셨어요. 요즘 코로나19 때문에 걱정이 되고 감기만 걸려도 많이 힘들었는데, 어금철에서 '하나님은 사랑이에요'라는 찬양을 부르다 보니 꼭 하나님이 나를 위로해 주시는 것 같았어요. 목사님과 강도사님, 전도사님의 말씀을 듣다 보면 새롭게 깨닫는 것이 정말 많아서 좋아요.

✝ 강지나 학생

어금철에서 설교를 들을 때마다 하나님에 대해 많이 알게 됩니다. 제가 어떤 사람이 되어야 하는지 생각하면서 깨달음을 얻는 이 시간이 저는 항상 기쁩니다. 그래서 예배가 더 기다려지고, 퀴즈 시간에는 더욱 적극적으로 즐겁게 참여하게 됩니다. 그리고 항상 좋은 설교해 주시는 목사님, 전도사님, 강도사님들께 너무나 감사합니다.

설교 내용이 다 기억나지 않아서 하나님 말씀을 읽고 또 읽으려고 노력하고 있습니다. 다니엘처럼 생활 속에서 예수님만 붙들고 사는 아이가 되고 싶어요. 그래서 어금철을 꼭 붙들고 있습니다. 또한 예배를 통해 계속해서 뜻을 정하여 살아가는 제가 될 수 있길 소망하며 기도합니다.

✝ 김예원 학생

금요철야기도회는 주일을 준비하는 전야와도 같은 예배이기에 더 사모하며 기다려집니다. 찬양으로 시작하는 예배는 한 주간의 모든 염려와 아픔들을 다 날려 버립니다. 유일하게 맘껏 소리 내어 울 수도 있고 뜨겁게 기도하며 회개하는 찬양과 기도의 시간입니다. 바쁜 일상으로 하지 못했던, 나를 위한, 가족들을 위한, 누군가를 향한 기도의 시간입니다. 그래서 늘 금요철야기도회를 사모합니다.

✝ 김정자 권사

제자훈련을 받을 때 기도에도 단계가 있다고 배웠습니다. 나라와 열방을 위한 기도, 내 주변 사람과 가족을 위한 기도, 그리고 나를 위한 기도! 그때부터 기도에 대한 마음가짐이 달라졌습니다. 그리고 어느 시점부터 금요철야기도회 합심기도 시간에 인도자가 던져

간증문

주는 기도 제목들이 귀에 들리기 시작했습니다. 귀가 열리니 마음이 열렸고, 마음이 열리니 입술이 열리기 시작했습니다. 나라와 열방을 위해서, 다음 세대를 위해서, 알지 못하는 누군가를 위해서 갈급한 기도 제목을 들으며 나도 같이 기도하게 되었습니다.

함께 부르짖으며 기도를 하다 보니 기도해야 할 것들이 보였습니다. 이 나라가, 한국 교회가, 소외된 사람들이, 다음 세대가, 북한 땅의 아픔이, 기도가 급한 사람들이 보이기 시작했습니다. 나와는 전혀 상관없다고 생각한 사람들을 위해 함께 부르짖고 마음 아파하며 같이 기도했습니다. 매주 부르짖는 건 아닙니다. 때로는 기도 제목을 들으며 잠잠히 기도할 때도 있습니다. 부르짖어 기도하든 잠잠히 기도하든, 분명한 것은 제 귀와 마음, 입술을 열어 주신 분이 하나님이라는 사실입니다. 저에게는 그 30분의 합심기도 시간에 하나님이 임재해 듣고 계시다는 확신이 있습니다. 많은 성도님과 다음 세대, 청년이 같은 기도 제목을 가지고 함께 부르짖는 그 순간이 이제는 제게 너무도 귀한 시간이 되었습니다.

청년 팀에서 금요철야기도회를 은혜 맛집이라고 표현합니다. 그만큼 은혜가 쏟아지기 때문입니다. 저는 제가 좋아하는 찬양 시간, 설교 시간, 예배가 끝난 후 드리는 기도 시간만 찾았었습니다. 그러나 나를 위해서만 예배드리고 내 기도만 하던 이기적인 제가 깨지고 이제는 세계와 나라를 위해, 교회를 위해, 다음 세대와 내가 알지 못하는 사람들을 위해 기도할 수 있는 은혜 맛집을 찾습니다. 금요철야기도회의 히든 메뉴인 합심기도의 진정한 맛을 보게 하신 하나님께 감사드립니다. 그리고 기도회에 모인 모두가 같은 기도 제목을 두고 부르짖을 때 하나님의 일하심과 응답하심을 함께 경험하기를 바랍니다. 주님 다시 오실 때까지 기도회의 불이 꺼지지 않고 더 크게 타오르길 소망합니다.

✝ 김지영 청년

저녁 6시 대전역에서 기차를 타고 출발해 8시 45분경 부산 해강고등학교 앞에 도착합니다. 발걸음을 재촉하면 수영로교회 금요철야기도회 시간에 늦지 않게 도착할 수 있을 것 같습니다.

2014년 대전으로 이사하여 주말마다 부산에 내려왔습니다. 언제부터였는지 자세히 기억나지는 않지만, 수영로교회 금요철야기도회에 참석하기 위해서 매주 이곳에 옵니다. 처음에는 금요철야기도회가 무엇인지 잘 알지 못했습니다. 밤마다 교회 앞을 지나면 불을 환히 켜 놓고 뭘 하는지 궁금했습니다. 그래서 들어와 봤습니다. 그렇게 금요철야기도회에 처음 참여하게 된 날, 그 모습이 지금도 잊히지 않습니다.

사람들로 꽉 찬 예배당, 곳곳에서 기도회에 헌신하는 봉사자들, 젖병을 물고 유모차에 누운 아기, 그 아기를 돌보며 기도하는 젊은 엄마, 아이들은 물론 교복 입은 중고생에 청년들, 노인들에 이르기까지 전 세대를 아우르는 밤샘 예배였습니다. 각종 악기 소리가 울리자 성도들은 일어나서 손뼉을 치고 찬양했습니다. 몸을 흔들며

간증문

춤추는 사람들도 있었습니다. 기도 소리는 뜨거웠습니다. 울부짖는 소리가 새벽까지 이어졌습니다. 중고생이던 70년대에 신앙생활을 하다가 40여 년 만에 교회를 다시 찾은 내게는 달라진 예배 모습이 적잖이 놀랍고 낯설게만 느껴졌습니다.

어느 순간부터 금요일이 되면 그날의 금요철야기도회가 그리워졌습니다. 결국 일주일 동안 대전에서의 생활을 마치면 금요철야기도회에 참석하기 위해 서둘러 기차를 탔습니다. 그렇게 지금까지 매주 금요일이면 부산에 옵니다. 직장 일로 내려오지 못할 때는 영상으로라도 기도회를 드리려고 노력했습니다. 이제는 퇴직을 해서 금요철야기도회를 마음껏 누릴 수 있게 되었습니다. 가족들과 저녁 식사 약속으로 또는 게으름 때문에 신앙이 흔들리면서 금요철야기도회를 빠질 때도 있었습니다. 그럴 때면 영상으로라도 기도회에 참여하고자 했던 열정을 떠올립니다. 금요철야기도회에서만 특별히 만났던 하나님의 사랑을 애써 기억해 내어 돌이키곤 합니다.

금요철야기도회는 가족의 아침을 챙기느라 시간에 쫓기는 새벽예배나 주일예배, 수요예배에서 누리지 못하는 특별한 은혜가 있습니다. 제 마음속에 있는 모든 것을 목놓아 아버지께 다 말할 수 있기 때문입니다. 울어도, 춤을 춰도 흉볼 사람이 없습니다. 모두가 같은 마음으로 아버지를 찾는 시간입니다. 이런 금요철야기도회가 있기에, 함께 중보해 주는 분들의 기도가 있기에 저는 또 오늘을 버틸 힘을 얻습니다.

찬양하고 춤을 추는 성도들의 모습이 이제 낯설지 않습니다. 함

께 기도하도록 일깨워 주시는 목사님들의 통성기도와, 온 세대를 아
우르는 이런 기도회가 어디 있느냐는 담임목사님의 축복의 말씀으로
시작하는 금요철야기도회가 저는 너무 좋습니다. 코로나19로 여러
가지 지켜야 할 예방 수칙들이 생겼지만, 그럼에도 말씀을 통해 그리
스도의 사랑을 심장에 새길 수 있는, 은혜가 충만한 수영로교회 금요
철야기도회가 좋습니다. 이런 은혜를 주신 하나님이 정말 좋습니다.

✛ 김혜자 집사

그동안 교회와 집이 멀고, 불교신자이신 어머니의 반대로 금요철
야기도회의 참석이 힘들어 온라인으로 참여하고 있었습니다. 그
러던 중 하나님이 동역자를 붙여 주셔서 이끄심대로 현장에 올 수
있었고, 그 기쁨은 이루 말할 수 없었습니다. 마음이 가난한 저에
게 더 친숙하게 다가와 주시는 주님을 느끼며 살짝 눈물도 나왔습
니다.

월요일부터 금요일까지 직장, 가정 등에서 세상 사람들과 어울
리며 삶의 목적에 따라 열심히 살아가고 있습니다. 그렇지만 과중
한 업무나 치열한 경쟁의 결과들, 복잡한 가정사에서 오는 스트레
스와 고충이 늘 동반되어 육신의 피곤함과 심령의 가난함이 저를
영적으로 힘들게 하곤 했습니다. 이런 가운데 현장에서 드리는 금
요철야기도회를 통해 주님은 보다 더 깊이 저를 찾아와 주셨습니
다. 한 달 전 아버지를 천국으로 보내 드린 후 미처 몰랐던 제 마음

간증문

속 깊은 곳의 외로움과 아픔, 상처를 만져 주시고 복음으로 기쁨과 평안을 다시 누리게 하셨습니다. 가정에서 드리는 인터넷 예배와는 비교할 수 없는 뜨거움과 큰 은혜를 주셨습니다.

목사님 말씀처럼 예수 그리스도를 이끄시는 힘은 성령이셨습니다. 또한 온라인으로 예배드리던 나를 이곳 은혜 충만한 현장으로 이끄신 분도 성령 하나님이셨습니다. 예수님의 전 생애를 성령께서 함께하셨듯이 나의 연약한 육신과 영에 기름을 부어 주실 분도 성령이시며, 이끄시고 승리케 하실 분도 성령이심을 믿습니다. 앞으로 내 모든 생애를 이끄시고 책임지실 하나님의 은혜에 감사를 드립니다.

내 마음에는 성령의 법과 죄의 법이 함께합니다. 죄는 나를 늘 따라다니며 성령의 법을 따라 살려고 노력하는 마음을 잡아당깁니다. 그러나 내 육신의 힘으로 죄를 이길 수 없을 때 성령의 하나님이 죄에서 해방시켜 주심으로 나의 머리에 기름 부으시고 자유를 선포하셨습니다. 내가 하나님을 찾을 때마다 신실하신 하나님은 나를 만나 주십니다. 시작부터 끝까지 성령의 은혜로 나를 감싸 주십니다. 저는 매주 금요철야기도회에서 마음껏 찬양하고 소리 내어 부르짖어 기도합니다. 그러면 뜨거움과 담대함이 밀려옵니다. 주님과 행복한 데이트가 끝나 갈 때는 늘 아쉽습니다.

이렇게 매주 주님과 행복한 데이트를 할 수 있는 것은 사랑장님의 권유와 함께 예배드려 준 사랑원이 있었기에 가능했습니다. 또한 성령 하나님이 말할 수 없는 탄식으로 나를 위해 기도해 주고 기다려 주셨기에 가능했습니다. 세상에서 진정한 기쁨을 모르는 채 하루하루 살아가는 자들에게 이 뜨거운 현장, 금요철야기도회의 기쁨과 충만함을 두루두루 전해야겠다는 마음이 더 크게 들었습니다. 이 세대의 모든 그리스도인들이 은혜와 살아갈 힘을 얻게 되기를 기도합니다.

✝ 문지영 청년

금요철야기도회는 하나님과 깊게 교제할 수 있는 가장 좋은 시간입니다. 그 시간 동안 제게는 회복이 있었고 하나님 앞에 다시 설 수 있었습니다. 그래서 일주일간의 삶이 어렵고 힘들 땐 특히 금요철야기도회가 있는 금요일만을 손꼽아 기다립니다.

금요철야기도회 전 준비 기도회 시간, 하나님은 제 일주일간의 삶을 되돌아보게 해 주십니다. 떠오르는 죄를 회개하고, 감사할 많은 것에 대해 감사 기도를 드립니다. 그러면서 오늘 들을 말씀을 기대하고 기도하며 나아갑니다.

찬양과 설교 사이 합심기도 시간에는 인도자 목사님이 주시는 기도 제목으로 기도하니 평소 하지 못했던 많은 것들을 두고 기도할 수 있습니다. '나는 지금까지 좁은 범위에서 기도했구나'라는 생각이 듭니다. 이 시간이 있기에 일상에서의 제 기도가 더 풍성해집니다. 기도 후에는 담임목사님의 설교가 이어집니다. 신기하게도 제 상황에 맞는 설교 말씀을 들을 때가 많습니다. 저와 크게 상관없는 것 같았던 말씀도 시간이 지나 힘든 상황이 되면 떠올라 힘이 됩니다.

간증문

한번은 "하나님과 가까이 있는 사람은 고난이 찾아왔을 때 기뻐한다. 왜냐하면 고난을 통해 하나님이 성장시키고 연단하실 것을 기대하기 때문이다"라는 말씀을 들었는데, 제게 찾아오는 고난들이 있을 때마다 이 말씀이 항상 떠올랐습니다. 그 덕분에 저는 고난의 때에 감당할 수 있는 만큼의 고난만 주심을 믿고, 이 시간을 통해 저를 성장시키실 하나님만 의지하며 나아갈 수 있었습니다.

주일예배도 좋지만 좀 더 깊이 기도할 수 있고 찬양할 수 있기에, 금요철야기도회만의 뜨거움과 열정이 있기에 이 시간이 항상 기다려집니다. 하나님과의 관계가 멀어졌을 때도 금요철야기도회를 통해 다시 가까워지곤 합니다. 그래서 저에게 금요철야기도회는 회복과 기쁨입니다.

✚ 서지은 학생

어느 날 유아부 선생님을 통해 어린이 금요철야기도회인 '어금철'이 있고, 다섯 살부터 그곳에서 예배할 수 있다는 소식을 들었습니다. 저는 아이가 다섯 살이 되기만을 손꼽아 기다리다가 해당 나이가 되는 1월부터 아이를 어금철에 보내기 시작했습니다. 담당 선생님은 "어금철은 아이를 보육하는 곳이 아니라 어른들과 같이 예배드리고 기도하는 곳이니 성경책을 꼭 보내 주세요. 아이와 헤어질 때는 '은혜받아, 예배 잘 드려' 하고 인사해 주세요"라고 이야기해 주셨습니다.

시간이 지나 아이는 어금철을 사모하며 금요일을 기다렸습니다. 정말 개구쟁이에 장난도 많은 아이가 왜 어금철을 좋아할까 궁금할 정도였습니다. 그 긴 시간동안 아이들은 어떻게 예배드릴까도 궁금했습니다. 그러다가 어금철 교사를 권유받았고, 저는 흔쾌히 섬기게 되었습니다.

어금철 첫날, 말씀이 끝난 후 두손 높이 들고 "주여! 주여!"를 외치며 무릎으로 기도하던 아이들의 모습을 지금도 잊을 수가 없습니다. 예배 전까지만 해도 신나게 뛰어놀던 아이들이 말씀을 듣고 우리 교회를 위해, 미취학부서를 위해, 때로는 다른 나라를 위해 통성으로 기도했습니다. 그리고 집에 가기 전에는 10분이 넘도록 어린이 성경통독을 함께했습니다. 저는 그러한 아이들의 모습을 보며 이것이 어금철의 은혜라는 것을 깨달았습니다.

어금철은 다음 세대를 기도하는 아이로 훈련하는 곳입니다. 어금철은 말씀을 읽고 하나님을 알아 가는 아이들로 키우는 곳입니다. 어금철은 일주일의 생활로 몸이 많이 피곤해도 언제 금요일이 올까 기다리게 만드는 특별한 곳입니다. 이렇게 귀한 곳에서 교사로 섬기며 하나님의 자녀가 자라 가는 모습을 볼 수 있어 감사합니다. 또한 어금철을 통해 유아기의 말씀 훈련, 기도 훈련의 중요성을 알게 해 주신 하나님께 진심으로 감사합니다.

✝ 신다은 교사

이사 이후로 정착할 교회를 찾던 중, 아는 분의 인도로 수영로교회에 오게 되었습니다. 3주 동안 주일예배만 참석하다가 처음으로 금요철야기도회를 가게 되었고, 그날 기도하기 위해 모여든 많은 사람을 보며 놀랐습니다. 그 당시에 저는 삶이 고난 중에 있었기 때문에 어색함도 잊은 채 마음껏 부르짖으며 기도할 수 있어서 너무 좋았습니다. 그렇게 시작된 금요철야기도회가 주일예배처럼 삶의 일상이 되었습니다.

삶의 기근 가운데 기도의 자리로 나올 때 주님은 "너는 물 댄 동산 같겠고 물이 끊어지지 아니하는 샘 같을 것이라"(사 58:11)고 말씀하셨습니다. 신실하신 주님은 지난날 삶의 소망이 되었던 말씀들이 이제는 제 삶이 되게 하셨습니다.

하나님은 저만 은혜 가운데 있게 하지 않으셨습니다. 저희 부부는 처음부터 아이들을 금요철야기도회에 데리고 다녔습니다. 때로는 가기 싫다고 짜증을 내기도 했지만 그 시간만큼은 아주 특별한 일이 아니고서는 늘 함께 예배 자리를 지켰습니다. 시간이 지나고 믿음이 자라면서는 아이들은 스스로 먼저 가서 예배 자리를 지키며 은혜를 사모하였고 그 열심이 저를 앞지르기도 하였습니다.

저희 가정은 매일 가정 예배를 드리며 모든 기도 제목을 공유하고 아이들과 함께 기도합니다. 이제는 아이들이 자라서 청년이 되었지만 우리는 변함없이 금철에 대한 기대감으로 나아갑니다. 예배 가운데서 이렇게 건강하고 든든한 믿음의 공동체인 가족을 만들어 주신 하나님께 언제나 감사드립니다.

✝ 원영애 집사

매일의 삶이 영적 전쟁이지만, 그럼에도 제게는 하나님이 계시기에 지금까지 어떠한 삶의 문제도 예배의 자리에서 다 풀리는 경험을 해 왔음을 고백합니다. 삶의 문제들이 파도처럼 밀려오지만 예배 중에 주신 하나님의 말씀은 그 모든 문제를 해결할 지혜와 힘이 되었습니다. 정작 보이는 상황에 요동했던 내 믿음의 민낯을 보며 눈물의 회개와 감사를 드리는 시간이 되고 있습니다.

매일의 삶에 수없이 일어나는 문제가 있음에도 문제보다 더 크신 주님이 계시기에 저는 한 주를 마무리하는 금요일 저녁마다 금요철야기도회에 나옵니다. 이곳에서 찬양과 예배를 통해 하나님의 임재를 깊이 체험합니다. 찬양 중에 거하시는 주님은 무너진 저를 일으키시고 새 힘을 주십니다. 성경 말씀에 드러나는 하나님의 성취하심이 제 삶에도 동일하게 역사하고 있음을 깨닫게 되는 은혜와 감동의 시간입니다.

특별히 금요철야기도회가 더 큰 은혜가 되는 이유는 찬양과 말씀, 기도의 시간이 넉넉하기 때문입니다. 찬양을 통해 하나님의 임재를 충분히 경험하며 그분의 크고 위대하심, 우리를 향한 주님의 십자가 사랑을 체험합니다. 태산 같은 문제도 한 번에 허무시는 주님의 강력한 임재가 무너진 제 마음을 다시 세우고 위로와 힘을 줍니다. 은혜의 눈물이 멈추지 않는 보석 같은 시간을 매주 보내고 있습니다.

금요철야기도회에서 담임목사님은 깊은 말씀의 우물을 길어 주십니다. 그 말씀은 하나님이 제게 주시는 말씀이 되어 선명한 깨달음을 줍니다. 온 삶의 문제에 대한 지혜로써 제 작은 신음에도 응답하시는 하나님의 크신 사랑을 늘 느끼며 감사하게 됩니다. 설교 후에는 기도할 시간이 충분하기에 개인의 문제뿐만 아니라 가정과 다음 세대, 한국 교회와 열방을 위한 기도를 올려 드립니다. 그때마다 목놓아 울며 기도하게 됩니다. 만민을 위한 기도의 집으로서의 역할을 톡톡히 해내는 수영로교회 금요철야기도회의 은혜를 많은 사람이 누리기를 원합니다.

금요철야기도회는 호흡 같은 주님을 더 깊이 만나는 은혜의 장입니다. 이곳에서 기도하다 보면 삶의 숱한 고난과 아픔이 있음에도 그 모든 것이 하나님 나라의 퍼즐로 하나하나 맞춰집니다. 십자가를 통과하면서 내 삶이 또 다른 영혼에게 주님을 증거하는 귀한 재료로 쓰일 수 있음을 감사하게 됩니다. 그래서 저는 특별히 금요철야기도회를 더 많이 사모하고, 설렘으로 매주 금요일을 기다립니다. 소풍 가기 전날 어린아이의 설렘이 제 안에 있음을 늘 보곤 합니다. 금요철야기도회를 통해 주시는 말씀의 힘과 능력으로 이전보다 더 견고한 믿음으로 자라는 은혜를 누리게 하심을 감사합니다.

제 삶의 문제를 넘어 공동체와 가정, 다음 세대, 민족과 열방을 위해 기도의 불화살을 쏘아 올리겠습니다. 한여름의 냉수처럼 하나님의 마음을 시원케 하는 자가 되어 주님 오실 그날까지 금요철야기도회의 자리를 사수할 것을 기쁨으로 다짐해 봅니다.

✟ 유경희 집사

금요일 저녁은 일주일간 누적된 피로가 너무나도 몰려오는 시간입니다. 마음먹고 기도의 자리에 가 앉았는데 피곤해 졸기도 합니다. 주신 감동과 은혜에 늘 이 자리를 지키고 싶은 마음도 크지만, 이런저런 이유로 막상 금요일 저녁이면 늘 갈등이 됩니다. 때로는 쉽게 편함을 선택하기도 합니다. 늘 두 마음으로 갈등하는 저를 봅니다. 제가 이렇게 연약하고 게으릅니다. 하지만 하나님은 이런 나를 제일 잘 아시고 늘 다시 시작하자고 힘을 주십니다. 그런 힘을 공급받는 시간이 저에게는 금요철야기도회의 자리입니다.

✝ 이은영 집사

수영로교회 금요철야기도회는 저에게 영적 링거입니다. 지치고 힘든 영과 육에 하나님의 말씀과 기도를 채워 나를 소생케 해 주기 때문입니다. 작년에 고3이던 둘째는 중고등부 6년 동안 금요철야기도회에서 기도의 자리를 지켜 왔습니다. 부르짖는 기도를 통해 응답하시는 하나님을 경험하며 덕분에 대학 합격이라는 귀한 선물도 받았다고 감사하는 것을 볼 때 말할 수 없이 기뻤습니다. 자녀와 함께 기도하고 응답받게 하시는 하나님께 감사와 찬양을 올려 드립니다.

금요철야기도회에서 기도를 훈련합니다. 상황과 환경은 변하지 않았지만 부르짖는 기도를 통해 넘치는 은혜와 평안을 누리게 됩니다. 이제는 기도의 줄을 붙잡는 것이 최상의 해결책이라는 것을 확

간증문

신합니다. 이전에는 하나님을 지식으로 알았다면 이제는 눈으로 마주본다는 욥의 고백이 나의 고백으로 바뀌었습니다(욥 42:5).

금요철야기도회에 어떠한 은혜가 있는지 누구보다 잘 아는 저로서는 코로나19로 영상 예배를 드려야 했던 시간에도 그 은혜를 놓칠 수 없었습니다. 사랑방에서도 각자의 처소에서 예배를 드리기로 하고 틈나는 대로 은혜를 나누었습니다. 학원을 운영하고 있어서 밤늦게 일을 마치고 현장 예배에 참석하지 못할 때는 새벽까지라도 영상을 통해 예배를 드리고 기도의 시간을 이어 가려 애썼습니다. 지금도 우리 사랑방은 모두 금요철야기도회에 참석하고 있습니다. 각자의 자리에서 드리는 기도지만 같은 마음으로 중보하며 하나님의 응답을 기다립니다. 하루빨리 예전처럼 밤샘 금요철야기도회를 드리게 되기를 기대하며 더 깊은 하나님과의 데이트를 꿈꿔 봅니다.

✛ 이태진 집사

직장인의 특성상 금요일이 되면 피곤해서 모든 일이 힘들기 마련인데, 저는 금요일 밤만 되면 에너지가 넘치고 없던 힘도 생깁니다. 정말이지 하나님이 인도하시는 것으로밖에 설명할 수 없는 일들이 참으로 많이 일어났습니다. 유초소(유년, 초등, 소년부) 아이들은 더 찬양과 기도에 열심을 다합니다. 아이들이 즐거워하는 모습에 교사인 저희도 덩달아 즐겁습니다. 점점 아이들의 수가 많아지기 시작해서 지금은 처음 시작했을 때보다 세네 배가 넘는 아이들이 모입니다. 아이들의 수가 늘어나면서도 예배는 항상 은혜가 넘치고 뜨겁습니다.

은혜가 깊어서인지 고난 또한 많았습니다. 사탄은 다양한 방법으로 저와 우리 팀원들을 무너뜨리려고 하였습니다. 그럴 때마다 하나님은 한 고비 한 고비를 넘게 하시고 용기를 주셨습니다. 예배 때마다 은혜를 넘치도록 부어 주셨기에 어떠한 고난도 넘을 수 있었던 것 같습니다. 무엇보다도 아이들이 저에게 주는 사랑이 큰 힘이 되었습니다. 어금철에 처음 왔을 때 느꼈던 그 사랑, 하나님이 주셨던 사랑이 저를 지금까지 이곳에서 예배하게 하는 힘이 되었습니다.

어금철은 하나님이 저에게 주시는 복입니다. 다음 세대를 향한 하나님의 사랑을 느낄 수 있는 자리입니다. 저에게 어금철과 다음 세대를 향한 사랑의 마음을 주신 하나님을 사랑합니다.

✛ 이혜란 교사

찬양을 시작하기 10여 분 전에는 중보기도 팀을 인도하는 목사님이 강단에 나와 중보기도회를 인도합니다. 팀원 모두가 함께 금요철야기도회를 위해서 뜨겁게 기도합니다. 이렇게 기도로 달구어진 은혜홀에 찬양대의 잔잔한 찬양이 흐르면서 예배가 시작됩니다. 나를 위해 기도하려고 먼저 온 자리에서 금요철야기도회에 참석할 다른 지체를 위한 중보기도에 동역했다는 생각에 너무나 뿌듯했습

간증문

니다. 기도회에 대한 큰 기대감이 들었습니다.

금요철야기도회는 하나님께 마음껏 부르짖을 수 있어 좋습니다. 말씀으로 은혜 충만한 가운데 교회와 교구, 사랑방, 섬김 부서, 가족을 위해 기도하다 보면 시간 가는 줄 모르고 기도하게 됩니다. 금요철야기도회는 많은 은혜를 누리고 하나님의 자녀로 이 땅 가운데 살아갈 힘을 얻는 곳이기도 하지만, 기도를 배우고 개인의 기도에서 교회와 민족을 넘어 세계 열방을 향한 기도의 사람으로 성숙해 가는 예배의 처소임을 알게 되었습니다.

제 마음을 더욱 뜨겁게 하고 도전하게 하는 한 가지는 은혜홀 3, 4층 한쪽에 자리를 지키고 있는 중고등부 학생들입니다. 삶의 우선순위를 세상의 그 무엇이 아닌 하나님을 찬양하는 예배에 두고 있는 아들, 딸들의 모습이 너무나 대견하고 예쁩니다. 오직 예수 그리스도께 소망을 두고 미래에 대한 희망으로 예배의 자리를 사수하는 우리 교회 다음 세대를 통하여 하나님이 일하실 것을 생각하니 오늘도 너무나 큰 은혜와 감동이 몰려옵니다. 이처럼 수영로교회 금요철야기도회는 저에게 우리 주 예수 그리스도를 믿는 믿음을 더욱더 굳건하게 해줄 뿐만 아니라 하나님 나라를 확장하는 일에 더욱 충성하고픈 도전과 힘을 줍니다.

✝ 이희운 집사

하나님이 금요철야기도회를 통해 저에게 믿음과 용기와 담대함을 주셨습니다. 직장에서는 코로나19로 사람이 많이 모이는 곳, 교회나 집회 장소에 가지 말라고 합니다. 하지만 하나님이 믿음을 주시므로 주일예배와 금요철야기도회와 많은 예배 모임에서 은혜를 받고 있습니다. 사장님과 직원들이 제가 교회에 다니고 예수 믿는 것을 알고 있습니다. 그러나 제게는 하나님이 주시는 담대함이 있습니다. 지금은 깨어 기도할 때입니다. 지금은 은혜 받을 만한 때요 구원의 날입니다. 금요철야기도회에 모여 성령 안에서 말씀 듣고 찬양하고 뜨겁게 기도합시다.

✙ 정송재 안수집사

매주 금요일 나는 비행 청소년이 됩니다. 금요철야기도회를 통해 무엇과도 비교할 수 없는 행복을 누리기 때문입니다. 친구들과 함께 금요철야기도회에 참석하는 것이 이제는 빠질 수 없는 루틴이 되었습니다. 금요철야기도회에 참석하는 이유는 매주 수련회와 맞먹는 기쁨과 은혜를 누릴 수 있기 때문입니다.

저는 설교 후 찬양과 기도 시간을 가장 좋아합니다. 설교 시간에 들은 말씀을 붙잡고 기도하니 말씀도 기억나고 기도할 때도 훨씬 더 집중할 수 있습니다. 또한 말씀을 삶에 적용하게 되니 이전에 잘못한 행동들을 회개하고, 앞으로 어떻게 행동할지 결단하게 됩니다. 깨달음과 미래에 대한 꿈과 소망을 가질 수 있으니 이 시간이 정말 소중합니다.

간증문

평소에는 소리 내어 기도하기가 힘들고 부끄럽지만, 금요철야기도회에서는 마음껏 소리 내 기도할 수 있습니다. 마지막 기도 시간에는 강대상 앞으로 나가서 기도할 수 있는데, 이때 친구들과 무릎을 꿇고 손을 잡고 함께 기도에만 집중할 수 있어서 너무 좋습니다. 매주 금요철야기도회가 다가오는 것이 정말 즐겁고 행복합니다.

✝ 조예경 학생

금요철야기도회는 세상 속에서 한 주를 살아가며 알게 모르게 지은 죄를 씻음 받고 회복하며, 주일을 준비하는 자리임을 알게 되었습니다. 그러니 거룩한 주의 자녀로 구분되어 살고 싶다면 누구나 나와야 하는 자리입니다. 여전히 우둔하고 연약하여 때때마다 넘어지고 힘들 때도 많지만, 예전보다 빨리 회개의 자리로 갑니다. 그래서 더 빠르고 단단하게 회복을 경험합니다.

✝ 최화영 집사